Despossessão

FUNDAÇÃO EDITORA DA UNESP

Presidente do Conselho Curador
Mário Sérgio Vasconcelos

Diretor-Presidente / Publisher
Jézio Hernani Bomfim Gutierre

Superintendente Administrativo e Financeiro
William de Souza Agostinho

Conselho Editorial Acadêmico
Luís Antônio Francisco de Souza
Marcelo dos Santos Pereira
Patricia Porchat Pereira da Silva Knudsen
Paulo Celso Moura
Ricardo D'Elia Matheus
Sandra Aparecida Ferreira
Tatiana Noronha de Souza
Trajano Sardenberg
Valéria dos Santos Guimarães

Editores-Adjuntos
Anderson Nobara
Leandro Rodrigues

JUDITH BUTLER

Despossessão
o performativo na política

Conversas com
Athena Athanasiou

Tradução
Beatriz Zampieri

Revisão técnica e notas
Carla Rodrigues

Traduzido de Judith Butler e Athena Athanasiou,
Dispossession: The Performative in the Political, 1st Edition, 2013

© 2013 Judith Butler e Athena Athanasiou

O direito de Judith Butler e Athena Athanasiou de serem identificadas como autoras deste trabalho foi firmado em acordo com o UK Copyright, Designs and Patents Act 1988. Publicado pela primeira vez em 2013, pela Polity Press

©2024 Editora Unesp

Direitos de publicação reservados à:
Fundação Editora da Unesp (FEU)
Praça da Sé, 108
01001-900 – São Paulo – SP
Tel.: (0xx11) 3242-7171
Fax: (0xx11) 3242-7172
www.editoraunesp.com.br
www.livrariaunesp.com.br
atendimento.editora@unesp.br

Dados Internacionais de Catalogação na Publicação (CIP) de acordo com ISBD
Elaborado por Vagner Rodolfo da Silva – CRB-8/9410

B985d   Butler, Judith

         Despossessão: o performativo na política (Conversas com Athena Athanasiou) / Judith Butler; traduzido por Beatriz Zampieri. – São Paulo: Editora Unesp, 2024.

         Tradução de: *Dispossession: The Performative in the Political*
         Inclui bibliografia.
         ISBN: 978-65-5711-267-0

         1. Filosofia. 2. Estudos de gênero. 3. Performatividade. 4. Política. 5. Teoria queer. I. Zampieri, Beatriz. II. Título.

                                                             CDD 100
2024-3395   CDU 1

Editora afiliada:

Sumário

Prefácio   7

1. Despossessão aporética, ou perturbar a despossessão   *13*
2. A lógica da despossessão e a matéria humana (depois da crítica à metafísica da substância)   *25*
3. Uma ressalva sobre a "primazia da economia"   *59*
4. Despossessões sexuais   *67*
5. (Trans)possessões, ou corpos além deles mesmos   *79*
6. A socialidade da autopoiese: respondendo à violência do reconhecimento   *89*
7. Reconhecimento e sobrevivência, ou sobrevivendo ao reconhecimento   *101*
8. Relacionalidade como autodespossessão   *121*
9. Corpos incontáveis, performatividade incalculável   *127*

10. Responsividade como responsabilidade   135
11. Expropriando o performativo   159
12. Linguagens despossuídas ou singularidades nomeadas e renomeadas   165
13. A promessa política do performativo   175
14. A governamentalidade da "crise" e suas resistências   185
15. Pôr em cena outro vocabulário: ter e dever   195
16. Trans-fronteiras afetivas e foraclusões do racismo de Estado   201
17. Enlutabilidade pública e política de memorialização   211
18. Os afetos políticos da performatividade plural   215
19. Dilemas da solidariedade   223
20. A universidade, as humanidades e o *book bloc*   227
21. Espaços da aparência, políticas da exposição   233

Referências bibliográficas   239
Índice remissivo   247

Prefácio

Quando Judith Butler e Athena Athanasiou se conheceram, em dezembro de 2009, em Atenas, Grécia, Judith oferecia um curso para o Nicos Poulantzas Memorial, do Poulantzas Institute, afiliado ao Syriza (Coalização da Esquerda Radical), e também se apresentava no Departamento de Antropologia Social da Universidade Panteion, onde Athena é professora. Começamos uma conversa sobre política, teoria, corporeidade e novas formações políticas de esquerda, concentrando-se, primeiro, na questão do quanto os velhos políticos de esquerda nunca conseguem responder às questões feministas e queer no que diz respeito a resistir à precariedade. Esta primeira conversa (publicada na Grécia), "Questioning the Normative, Reconfiguring the Possible: Feminism, Queer Politics and the Radical Left", foi editada no volume *Performativity and Precarity: Judith Butler in Athens* (Atenas: Nissos, 2011).[1]

---

[1] Amfi svitontas to "Kanoniko," Anadiamorfonontas to Dynato: Feminismos, Queer Politiki kai Rizospastiki Aristera. In: *Epitelestikotita kai Episfaleia*: I Judith Butler stin Athina.

Judith Butler

O trabalho de Athena se concentra na teoria feminista e no pensamento social radical, trazendo perspectivas de Luce Irigaray e de Michel Foucault para considerar, criticamente, as relações entre o masculinismo, a tecnologia e o humano. A publicação de Athena em coedição com Elena Tzelepis, *Rewriting Difference: Luce Irigaray and the "Greeks"* (Albany: Suny Press, 2010), parte do tropo derivado do mito da Grécia clássica em direção ao contexto contemporâneo transnacional, pós-colonial e corpóreo de práticas críticas. Na Grécia, ela publicou o livro *Life at the Limit: Essays on the Body, Gender, and Biopolitics* (Atenas: Ekkremes, 2007),[2] no qual oferece um relato pós-humano e pós-psicanálise lacaniana da tecnologia, da diferença, da corporeidade e dos corpos do conhecimento, concentrando-se em como esses elementos configuram a organização social contemporânea da vivibilidade, do desejo e da subjetividade generificada e sexualizada. Ela também escreveu um livro (*Crisis as a "State of Exception": Critiques and Resistances.* Atenas: Savvalas, 2012)[3] sobre as dimensões corporais da crise da dívida grega; ali, ela endereça o caráter indefinido do estado de exceção a uma instância da racionalidade do governo neoliberal, conduzida em nome da emergência econômica e envolvendo forças de racialização e feminilização que estruturam fundamentalmente a condição de "tornar-se precário". Seu trabalho se concentra nas formas da desconstrução queer e nas formas feministas de política performativa, incluindo demonstrações públicas não violentas de luto e de resistência a regimes biopolíticos contemporâneos, tais como o trabalho transnacional e antimilitarista

---

2 *Zoe sto Orio: Dokimia gia to Soma, to Fylo kai ti Viopolitiki.*
3 *I Krisi os "Katastasi Ektaktis Anagkis": Kritikes kai Antistaseis.*

Despossessão

do movimento Women in Black. Considerando manifestações concretas de performatividade de gênero subversivas, Athena se inspirou na filosofia ético-política de Judith, em seu trabalho sobre gênero e performatividade queer, sobre corporalidade, linguagem, violência normativa e violência de desrealização, sobre a vulnerabilidade da vida humana e a questão do que torna uma vida vivível. E Judith foi desafiada pelas perspectivas antropológicas e filosóficas de Athena, como as suas leituras de Irigaray e Heidegger e os desafios geopolíticos do neoliberalismo que foi tão agudamente registrado na Grécia. Como Judith, Athena se engajou em relatos não soberanos de agência, de relacionalidade do "eu",[4] da liberdade com os outros, em questões de reconhecimento e desejo, assim como nas implicações da exposição corporal de pessoas generificadas, sexualizadas e racializadas. Nossa conversa explorou insistentemente essas questões, enquanto buscávamos transmitir e mapear o trabalho político e afetivo da agência crítica.

Começamos a conversa com considerações sobre a posição pós-estruturalista que compartilhamos, notadamente a ideia de que a unidade do sujeito serve a uma forma de poder que

---

4 Em traduções anteriores, sempre que possível, *"self-"*, quando aparece como prefixo, tem sido transportado para o prefixo em português "auto-", enquanto *"self"*, substantivo, vem sendo traduzido como "si mesmo", seguindo, por exemplo, a solução de *"soi-même"*, do francês, opção bem estabelecida na língua portuguesa em diferentes contextos filosóficos. Na conversa deste livro, no entanto, percebemos que essa solução apresentava limites, o que nos levou a preferencialmente traduzir *self* como "eu" para acentuar que ambas estão operando com a relação entre "eu" e "tu" a fim de pensar a relação com a alteridade. Para traduzir "I", usamos a forma Eu, em maiúscula, indicador da soberania individual que o termo carrega.

precisa ser desafiada e desfeita, significando um estilo de masculinismo que apaga a diferença sexual e atua como senhor no domínio da vida. Ambas reconhecemos que um pensamento responsável a respeito da ética e da política apenas pode emergir onde a soberania e a unidade do sujeito podem ser efetivamente desafiadas e que fissurar o sujeito, ou constitui-lo em sua diferença, prova-se central para uma política que desafia, de formas muito específicas, tanto a propriedade quanto a soberania. No entanto, por mais que prezemos as formas de responsabilidade e resistência que emergem de um sujeito "despossuído" — aquele que *admite* os vínculos sociais diferenciados pelos quais é constituído e aos quais está obrigado —, também estávamos muito atentas para o fato de que a despossessão constitui uma forma de sofrimento para pessoas deslocadas, colonizadas, e, portanto, não pode ser um ideal político sem ambiguidades. Começamos pensando juntas sobre como formular uma teoria política da performatividade que pudesse levar em conta a versão da despossessão que valorizamos, assim como a versão à qual nos opomos.

Este livro representa um diálogo abrangente que aconteceu durante muitos meses em reuniões, conversas e textos, principalmente por e-mail, até nos encontrarmos em Londres em fevereiro de 2011 para planejar qual seria o caminho dessa troca. Durante a reunião em Londres, a revolução egípcia estava em plena ebulição, e nas últimas semanas da escrita deste texto conjunto, a esquerda grega apresentou um sério desafio para a política neoliberal de austeridade, abrindo a possibilidade de uma nova esquerda europeia se opor à distribuição diferencial de precariedade e à supressão tecnocrática da democracia. Nossas reflexões registram esses acontecimentos de maneira oblíqua, e, no curso desta troca, referimo-nos a muitos movimentos políticos, demonstrações e atos que nos ajudaram a formular o que entendemos por política do performativo. Nossas abordagens convergem e diferem. A posição geopolítica de Athena configura suas reflexões sobre modos de resistência e luto público, e ela se baseia no trabalho de Irigaray, na crítica de Heidegger à técnica, na noção foucaultiana de biopolítica e na psicanálise pós-lacaniana.[5] O trabalho de Judith emerge da leitura de Foucault, mas também da teoria dos atos de fala, da teoria crítica de gênero, do ativismo queer e de uma psicanálise heterodoxa. Ambas retornamos aos mitos gregos para compreender o presente, o que significa que esses mitos são avivados de novas formas, como no extraordinário filme que discutimos, *Strella* (direção de Panos Koutras, 2009), no qual uma trabalhadora sexual transgênero vive uma versão contemporânea do mito de Édipo na Atenas do século XXI.

Durante esse caminho, procuramos formas convergentes de apresentar Hannah Arendt para uma esquerda com a qual ela não teria concordado e adentramos questões sobre afeto e ética pensando no quadro político por meio de formas recentes de mobilização política. Juntas, retornamos à questão "o que faz a responsividade política possível?". A condição de ser tocado pelo que se vê, pelo que se sente e pelo que se vem a conhecer é sempre uma condição na qual se é transportado para outro lugar, outra cena, ou para um mundo social em que não se é o centro. E essa forma de despossessão é constituída como uma

---

5 Cf. Athanasiou, Athena. Technologies of Humanness, Aporias of Biopolitics, and the Cut Body of Humanity. *Differences: A Journal of Feminist Cultural Studies*, v.14, n.1, p.125-62, 2003.

forma de responsividade que dá origem a ações de resistência, de aparecer junto com outros, em um esforço de demandar o fim da injustiça. Essa injustiça assume uma forma de despossessão sistemática, por exemplo, de pessoas forçadas à imigração, ao desemprego, ao desabrigo, à ocupação e à dominação. Assim, abraçamos a questão de como se tornar despossuído da soberania do "eu" e adentrar formas de coletividade que se opõem a formas de despossessão e expulsam sistematicamente essas populações dos modos coletivos de pertencimento e justiça.

Junho de 2012, Berkeley e Atenas

1

Despossessão aporética, ou perturbar a despossessão

AA: O conceito de despossessão é perturbador.[1] É tão perturbador que, quanto mais tentamos escrever sobre esse

---

1 Podemos dizer que a conversa entre Judith Butler e Athena Athanasiou se dá em torno de um conjunto de significantes, entre os quais o mais importante é *dispossession* (despossessão), que dá título ao livro e convoca outros termos da mesma família de "propriedade", como *possession* (posse) e *expropriation* (expropriação). Fizemos um esforço para diferenciá-los, mantendo, sempre que possível, os aspectos ambíguos ou polissêmicos dos termos originais. Por exemplo, elas se valem de uma distinção entre *property*, cujo sinônimo mais evidente é "propriedade", e *propriety*, para o qual optamos por "apropriado", convocando o seu sentido moral, ou seja, a qualidade de estar conforme as convenções normativas. Fizemos também oposições entre *propriety* ("apropriado"), *propertyless* ("inapropriado") e *misappropriation* ("apropriação indevida"). Também buscamos manter a diferenciação feita pelas autoras entre *appropriation* ("apropriação"), aqui no sentido de tomar posse, e *propriation* (propriação), usado apenas duas vezes em contexto no qual as autoras marcavam a "paleonímia da propriação". Por paleonímia entendemos um gesto filosófico de retomar uma palavra arcaica que, em contexto atualizado, pode passar a significar outra coisa. Neste caso, *propriation* ("propriação") se atualiza dentro da crítica à lógica neoliberal tematizada pelas autoras como um movimento de tornar própria a

13

conceito, mais ele nos perturba.[2] Para fazer uso desse conceito perturbador – quer dizer, para nos engajar com o que nos perturba –, devemos confrontar uma aporia. Por um lado, despossessão significa uma submissão inaugural do sujeito em devir às normas de inteligibilidade, uma submissão que, em sua paradoxal simultaneidade com o controle, constitui processos de sujeição tênues e ambivalentes. A despossessão ressoa as foraclusões psíquicas que determinam quais "vínculos passionais" são possíveis e plausíveis para que "alguém" se torne um

---

certas formas de vida a precariedade e a vulnerabilidade, diferente de *proper*, "próprio", no seu uso mais comum. Para *proprietariness*, recorremos a "condição de propriedade", conforme explicamos em nota a respeito do recurso ao termo, para indicar capacidade ou habilidade de realizar algo. Por fim, para *propertied* usamos "proprietário", mantendo, quando necessário, a articulação entre próprio/proprietário.

2 Desde a tradução de *Gender Trouble* para *Problemas de gênero*, a gramática dos termos de Butler no Brasil conferiu centralidade ao termo "problema". Apesar de essa solução estar muito bem estabelecida, entendemos que com "problema" perdemos um elemento relevante nas proposições de Butler: o aspecto perturbador do gênero e sua capacidade de perturbar a normatividade. Por isso, optamos por enfatizar outra possibilidade de uso do significante *trouble*, aqui traduzido por "perturbador" a fim de acentuar o caráter de algo que está abalado, ao mesmo tempo que produz abalos, tremores, incertezas. Estamos considerando que as autoras estão discutindo as perturbações da precariedade econômica e social e as perturbações provocadas pela estratégia de perfomatividade de que as duas se ocupam. Tomando também de *trouble* os sentidos conferidos por Donna Haraway na tradução de Ana Luiza Braga: "'*Trouble*' é uma palavra interessante. Deriva de um verbo francês do século XIII que significa agitar, instigar, enturvar, perturbar. Nós – todos os seres da Terra – vivemos em tempos perturbadores, tempos confusos, turvos e desconcertantes" (Haraway, Donna. *Ficar com o problema*. Trad. Ana Luiza Braga. São Paulo: n-1 Edições, 2023).

sujeito. Nesse sentido, despossessão abrange as perdas constituídas e antecipadas que fornecem as condições para que se seja despossuído (ou que permitam a despossessão) por outra pessoa: o movimento para o outro e pelo outro – encontrar-se exposto e afetado pela vulnerabilidade do outro. O sujeito passa a "existir" ao incorporar, dentro de si, objetos perdidos que acompanham as normas sociais capazes de regular a disposição subjetiva para o endereçamento do outro. Por outro lado (e a medida em que esse aspecto pode ser considerado "outro" ficará em suspenso por enquanto), ser despossuído faz referência a processos e ideologias pelos quais as pessoas são recusadas e tornadas abjetas por poderes normativos e normalizadores que definem a inteligibilidade cultural, regulando a distribuição da vulnerabilidade: a perda de terras e comunidades; a propriedade do corpo vivo por outra pessoa; o assujeitamento à violência militar, imperial e econômica; a pobreza, os regimes securitários, a subjetivação biopolítica, o individualismo liberal possessivo, a governamentalidade neoliberal e a precarização.

Em um primeiro sentido, a despossessão aparece como uma condição heteronômica para a autonomia ou, talvez, mais precisamente, como limite à autossuficiência autônoma e impermeável do sujeito liberal em relação a sua dependência e relacionalidade fundamentais – que, embora necessárias, são prejudiciais. Em um segundo sentido, a despossessão implica as injúrias impostas, as interpelações, oclusões e foraclusões, os modos de subjugação que exigem um endereçamento e uma reparação.[3] No primeiro sentido, afirmar o rastro das paixões

---

3 "Endereçar" e seus derivados, como "endereçamento", são termos que se originam do léxico filosófico de Emmanuel Lévinas, cuja proposição

Judith Butler

e perdas primárias — na medida em que os vínculos sociais e psíquicos à lei determinam a disposição à alteridade — consiste em uma condição necessária para a sobrevivência do sujeito; no segundo, despossessão é a condição dolorosamente imposta pela violência normativa e normalizadora que determina os termos da subjetividade, da sobrevivência e da vivibilidade.[4] Em ambos

---

ética como filosofia primeira é de se endereçar ao outro em forma de abertura à alteridade, a "todo que é totalmente outro". Entre o francês e o inglês há uma homonímia entre os verbos — *to address* e *adresser* —, o que facilita sua transposição. No Brasil, a maioria das traduções de Lévinas e de Butler recorrem ao verbo "endereçar", o que traz alguns estranhamentos, sobretudo no uso não reflexivo do verbo: endereçar a violência, por exemplo, tem sido importante para mostrar que as formas de violência "têm endereço certo", ou seja, estão dirigidas e direcionadas a certas populações. Temos sustentado essa solução, aqui como em outras traduções. Nessa passagem em que Butler relaciona *addressed* a *redressed*, no entanto, encontramos um limite para manter o jogo de linguagem, já que, com *redressed*, ela está reivindicando a reparação dessas formas de violência endereçadas. Como não havia sinonímia para manter o sentido de reparação no campo dos significantes de endereçamento, optamos por "reparação" por entendermos que o termo está estabelecido nas lutas políticas a que as autoras se referem.

4 Aqui, seguimos Martha Bernardo, revisora da tradução brasileira da introdução que Butler escreveu para a edição comemorativa de *Of Grammatology*, de Jacques Derrida, nos Estados Unidos. Ela nos lembra que a opção de traduzir *trace*, em francês, como *trace* foi consagrada pela tradução para o inglês assinada por Gayatri Spivak. No Brasil, a tradução de *Gramatologia* usa "rastro" para traduzir *trace* do francês, ou seja, opta pelo sentido do termo, e não pela proximidade entre os significantes, como fez Spivak, cuja justificativa para a escolha é a homonímia entre as duas palavras. Estamos seguindo essa decisão e traduzindo *trace*, em inglês, como "traço", em português, a fim de indicar a existência ou a passagem de algo que não está mais presente. Spivak também argumenta que a palavra *trace*, em francês, carrega os sentidos de

os sentidos, a despossessão envolve as relações dos sujeitos com as normas, seus modos de devir para assumir e ressignificar interpelações perigosas e paixões impossíveis. A tarefa, aqui, como gesto performativo no político, acena a duas formas de despossessão que, juntas, performam seus entrelaçamentos para além e contra a lógica da numeração e da calculabilidade; em vez de ordenar seus atributos numa sequência coerente e fixa, devemos apontar para o que resiste à assimilação no quadro da despossessão.

JB: É verdade que a despossessão carrega essa dupla valência. Por isso, é difícil entender seu significado até que se perceba quais de suas modalidades valorizamos, quais abominamos e a quais resistimos. Como você disse, "despossessão" pode ser um termo que marca os limites da autossuficiência e nos estabelece como seres relacionais e interdependentes. No entanto, despossessão é justamente o que acontece quando populações inteiras perdem suas terras, sua cidadania e seus meios de subsistência, tornando-se sujeitas à violência militar e legal. Se nos opomos a esta última modalidade da despossessão, isso se deve ao fato de que ela é, ao mesmo tempo, compulsória e privativa. Em um primeiro sentido, somos despossuídos de nós mesmos em virtude de algum tipo de contato com o outro, porque somos movidos e até surpreendidos ou desconcertados por esse encontro com a alteridade. A experiência em si não é episódica, mas pode revelar — e de fato revela — uma base para a

---

tracking e *spoor*, pegada, rastro, sinal deixado por algo que passou, que não se apresenta mais na forma da presença, e sim da ausência, ainda que tenha deixado uma marca. (Butler, Judith. Introdução à gramatologia. Trad. Fernanda Miguens. Rev. Martha Bernardo. *Revista Ítaca*, Dossiê Derrida v.II, n.41, UFRJ, 2024.).

relacionalidade — não apenas nos movemos, mas somos movidos por algo que nos é exterior, por outros, como também por qualquer coisa que esteja "fora" de nós. Por exemplo, somos movidos pelos outros de maneiras que nos desconcertam, nos deslocam e nos despossuem; às vezes, depois do contato com o outro, um grupo de pessoas ou os atos de outra pessoa, não sabemos exatamente o que somos ou o que nos move. É possível que sejamos despossuídos pelo luto ou pela paixão — incapazes de encontrar a nós mesmos. Parte das tragédias gregas se ampara no desfazer das formas autossuficientes de despossessão do luto, do amor, da raiva, do êxtase. Essas formas de experiência levam à questão do que somos, como seres limitados e deliberados, como seres autoimpelidos e auto-orientados. Essas formas, de fato, dão a entender que somos movidos por muitas forças que são anteriores e excedem a nossas identidades deliberadas e limitadas. Por isso, não podemos compreender a nós mesmos sem abrir mão da ideia de que o fundamento e a causa da própria experiência é o "eu". Uma série de pressupostos acompanham essa compreensão: é possível dizer que a despossessão estabelece o "eu" como social, como apaixonado, isto é, movido por paixões que não são plenamente compreendidas e fundamentadas, que dependem dos ambientes e dos outros, que mantêm e até motivam a vida do próprio "eu".

O segundo sentido de despossessão está vinculado ao primeiro. Se somos seres suscetíveis à privação de espaço, subsistência, abrigo, alimentação e proteção e se podemos perder nossa cidadania, nossa casa e nossos direitos, então dependemos de maneira fundamental dos poderes que nos sustentam ou nos privam, que detêm certo poder sobre a própria sobrevivência. Mesmo quando estamos de posse dos nossos direitos, dependemos de um modo de governança e de regime legal que concede e sustenta tais direitos. Então, já nos encontramos fora de nós mesmos antes de qualquer possibilidade de despossessão de direitos, terras e formas de pertencimento. Em outras palavras, somos seres interdependentes cujo prazer e sofrimento dependem de partida de um mundo socialmente sustentado, um ambiente suportável. Isso não quer dizer que todas as pessoas nascem em um mundo suportável. Não mesmo. No entanto, quando se nasce em uma situação de má nutrição, de exposição física ou qualquer outra condição de vulnerabilidade, é possível perceber como a privação desse mundo que dá suporte pode frustrar ou derrotar uma vida. Toda vida, assim, encontra-se desde o início fora de si, e sua "despossessão", em sentido compulsório ou privativo, só pode ser entendida a partir desse pano de fundo. Só podemos ser despossuídos porque já fomos despossuídos. Nossa interdependência estabelece nossa vulnerabilidade em relação às formas sociais de privação.

AA: Concordo quando você diz que "só podemos ser despossuídos porque já fomos despossuídos", mas com certa hesitação. Tenho a impressão de que a linguagem talvez fracasse aqui, na medida em que uma afirmação como essa tende a estabelecer um vínculo causal entre, por um lado, "ser" despossuído e, por outro lado, "tornar-se" ou "ser tornado" despossuído. Embora os dois sentidos estejam vinculados, não existe uma ligação ontológica, causal ou cronológica entre "ser despossuído" (como uma disposição primária à relacionalidade em um nível fundamental do assujeitamento que assinala um autodeslocamento constitutivo, isto é, a constituição de um sujeito por certos tipos de foraclusão e perda anterior) e "tornar-se despossuído" (como uma condição de privação de terras, direitos, subsistência, desejo ou modos de pertencimento que seja decorrente, derivada ou forçada). É preciso ter cuidado para não confundir ou demarcar ontologicamente essas nuances da despossessão. De fato, um de nossos esforços nessa intervenção deve ser a procura pela desnaturalização e repolitização dos modos como "ser sempre já despossuído" é frequentemente usado para legitimar uma renúncia à responsabilidade política sobre as formas de privação e despossessão.

Existe uma dinâmica afetiva, psíquica e política bastante complexa que envolve as muitas nuances de "tornar-se despossuído", uma dinâmica que nos leva a uma série de camadas de traumas do assujeitamento e das foraclusões estruturadores dos nossos "apegos apaixonados", foraclusões que fazem que a melancolia determine quais apegos apaixonados são viáveis e possíveis e quais não são (como é o caso do desejo por pessoas do mesmo sexo). Como podemos pensar esses dois modos de despossessão juntos? Além disso, como essa dupla valência da despossessão se relaciona às violentas foraclusões de gênero e sexualidade cujas questões perturbadoras convergem em nosso tempo como apatridia, racismo, pobreza, xenofobia e as modalidades que decorrem da exposição à violência e o recurso a direitos?

Em todas suas formas intrincadas de assinalar a produção contemporânea de discursos sociais, modos de poder e de sujeitos, a noção de despossessão é um tropo teórico que talvez nos ajude a começar a lidar com o fato de que des-possessão compreende o pressuposto de que uma pessoa foi privada de alguma coisa que, por direito, lhe pertence. Nesse sentido, a despossessão se aproxima do conceito marxista de alienação, operando em dois níveis: sujeitos trabalhadores são privados da capacidade de ter controle sobre duas vidas mas, além disso, a consciência de sua subjugação lhes é negada à medida que são interpelados como sujeitos de uma liberdade inalienável. Ao mesmo tempo, também é importante pensar a despossessão como condição que não é simplesmente o oposto da apropriação, um termo que reestabelece a posse e a propriedade como prerrogativas da autoria da pessoalidade de si. O desafio com que nos deparamos aqui é, ao mesmo tempo, ético-político e teórico – um duplo desafio. Em primeiro lugar, precisamos elaborar um modo de pensar sobre a despossessão fora da lógica da posse (como palavra-chave da modernidade, do liberalismo e do humanismo), ou seja, não apenas evitar mas também trazer a questão do cálculo excludente da condição de propriedade[5] nas formas recentes do poder liberal; e, em segundo lugar, devemos elaborar por que esse gesto reflexivo tem significado político.

JB: Sim. Para isso, precisamos pensar por que certas formas de privação humanas são chamadas "despossessão". Existe uma propriedade que, desde o início, pertencia a alguém e foi roubada? Às vezes, sim. No entanto, o que fazer da ideia de que possuímos algo em nossas próprias pessoas? Se pessoas são uma forma de propriedade, seria possível entender essa formulação legal como um todo sem considerar as condições históricas de escravização e as formas de individualismo possessivo que caracterizam o capitalismo? Tenho a impressão de que Macpherson oferece uma importante genealogia da produção do individualismo possessivo, uma noção que afirma que,

---

5 Sobre o uso do termo *proprietariness*, ver nota 1 do capítulo 1 e nota 12 do capítulo 2.

Judith Butler

se não existe posse de propriedade, não existe indivíduo.[6] Estamos, então, trabalhando contra essa construção-chave do capitalismo, ao mesmo tempo que objetamos às formas de roubo de terras e despossessão territorial. Isso me faz pensar que é possível encontrar modos éticos e políticos que contrariam a despossessão compulsória e coercitiva, modos que não se baseiam em uma valorização do individualismo possessivo.

AA: Exatamente. Essa é uma questão que reflete nossa tentativa de nos engajar politicamente com as formações discursivas, institucionais e afetivas da razão liberal em voga nos contextos nacionais e globais. Essa é a perspectiva que precisamos ter em mente em relação aos regimes discursivos e performativos de despossessão, como também em relação às respostas críticas que os acompanham. É, também, nessa perspectiva que devemos fazer oposição a regimes de despossessão compulsória nos contextos de governamentalidade liberal, para os quais "ter" sempre denota "individualismo possessivo".

JB: As formas de filosofia moral que fundamentam suas objeções ao roubo de terras no direito individual à propriedade desviam, com muita frequência, das condições coloniais em que, por exemplo, a propriedade é sistematicamente confiscada. De fato, não seria possível compreender ou se opor à tomada de terras entre Israel e Palestina sem o entendimento da função do confisco das terras palestinas desde 1948 como parte do avanço do colonialismo de povoamento e da fundação

---

6 Macpherson, Crawford Brough. *A teoria política do individualismo possessivo: de Hobbes a Locke.* 2.ed. Trad. Nelson Dantas. Rio de Janeiro: Paz e Terra, 2009 [*The Political Theory of Possessive Individualism: Hobbes to Locke.* Oxford: Clarendon Press, 1962].

Despossessão

do Estado-nação sob os princípios da soberania judaica. Assim, embora em todos os casos de confisco a terra de uma pessoa tenha sido tomada e essa "pessoa" permaneça singular e irredutível, também é verdade que todos que perderam suas terras por esses meios compulsórios (750.000 pessoas apenas em 1948) estiveram implicados em um processo de colonização e formação do Estado. Em outras palavras, não é possível entender o que acontece com a terra de um indivíduo se não compreendermos a forma social tanto da propriedade quanto da individualidade.

Quem fundamenta suas objeções nos argumentos do individualismo possessivo tende a afirmar que um indivíduo tem a posse das terras em virtude do trabalho que empregou nelas ou de um contrato que impõe o reconhecimento de sua alegação de propriedade. Nos primeiros estágios do sionismo, era evidente que os judeus reivindicavam princípios lockeanos para afirmar que, porque trabalharam naquelas terras e estabeleceram sistemas de irrigação, essa atividade implicava direitos de posse e até mesmo direitos de pertencimento nacional fundamentados sobre o território. Podemos ver como, de fato, os objetivos da nação e da colônia dependiam de uma ideologia de um individualismo possessivo reeditado como nacionalismo possessivo.

Na Palestina, os atos sobre a propriedade e os contratos legais explícitos foram regularmente desconsiderados em nome do interesse nacional. De maneira semelhante, a teoria do valor foi de fato reivindicada pelos sionistas para se opor às alegações de contratos e feitos que já existiam. A questão, então, não é se o individualismo possessivo consiste em uma ontologia boa ou má; na verdade, a questão é como esse individualismo opera e a serviço de que objetivos políticos atua. Se questionarmos o "desejo de possuir" como uma propriedade natural dos indivíduos, podemos, como Macpherson, começar a perguntar acerca da questão histórica de como e com que propósitos o desejo de posse da propriedade, construído ao longo do tempo sobre uma base individual, produziu-se como uma característica natural — se não essencial — da pessoalidade humana. De um ponto de vista filosófico, podemos então nos perguntar se tal produção de um individualismo possessivo depende de uma reprovação de modos de existência mais primários, sociais, dependentes e relacionais. No caso da Palestina, podemos nos perguntar como o confisco sistemático de terras mina as condições de coabitação legais e econômicas. Nesse sentido, a forma privativa de despossessão torna impossível a forma social de despossessão. Penso que isso se aproxima do que você quer dizer, Athena, por condição heteronômica de autonomia.

2
A lógica da despossessão e a matéria humana (depois da crítica à metafísica da substância)

AA: Em geral, a despossessão diz respeito a como corpos humanos se tornam materializados e desmaterializados pelas histórias de escravização, colonização, *apartheid*, alienação capitalista, imigração e asilo político, normatividade de gênero e de sexo, governamentalidade securitária e razão humanitária.

Poderia ser útil considerar que, no sentido próprio da palavra — se é que isso existe —, "despossessão" se refere originalmente às práticas de invasão de terras. As concepções coloniais e racistas foram historicamente mobilizadas para justificar e naturalizar a ausência de reconhecimento, apropriação e ocupação de terras indígenas nos contextos coloniais e pós-coloniais — como no caso da despossessão de povos indígenas e da ocupação de terras e de recursos palestinos pelo Estado de Israel. Em tais contextos, seja por meio do monoculturalismo nacional, do (não) reconhecimento multicultural liberal, da biopirataria, da reificação da "diversidade cultural" ou do *apartheid*, como o muro separatista na Palestina, a despossessão funciona como um aparato autoritário e muitas vezes paternalista de controle e apropriação da espacialidade, mobilidade, afetividade, potência e relacionalidade dos sujeitos (neo)colonizados. Nesses contextos, "despossessão" fornece uma linguagem que expressa as experiências de desenraizamento, ocupação, destruição de lares e vínculos sociais, incitação de autoidentidades "autênticas", vitimização humanitária, ausência de condição de vida e lutas por autodeterminação.[1]

A formação de presunções predominantes acerca do que constitui a terra como espaço de colonização, soberania territorial do Estado-nação ou propriedade privada burguesa está no coração da história da subjetividade moderna ocidental. No capitalismo neoliberal e na "debitocracia"[2] da economia de mercado global contemporânea, a despossessão significa a apropriação violenta do trabalho e o desgaste dos corpos laborais e não laborais. Isso se manifesta nas políticas atuais de precariedade econômica na forma de trabalhos temporários, mal pagos e sem segurança, combinados a cortes de garantias de bem-estar e à expropriação das instituições públicas de saúde e educação. As instituições financeiras internacionais impõem aos países endividados medidas de austeridade (como cortes de verbas públicas) como pré-requisitos para empréstimos. Por meio dessas medidas neoliberais, os governos de Estados-nação

---

1 Cf. Said, Edward. *The Politics of Dispossession: The Struggle for Palestinian Self-Determination, 1969-1994*. New York: Vintage, 1995. Ver também Povinelli, Elizabeth A. The Child in the Broom Closet: States of Killing and Letting Die. *South Atlantic Quarterly*, v.107, n.3, p.509-30, 2008.

2 A palavra "debitocracia" (em grego, "hreokratía") é um neologismo que se refere às atuais mutações neoliberais da democracia e tem inspiração no título de um documentário de Katerina Kitidi e Aris Hatzistefanou, que fornece um relato crítico da crise da dívida grega. (N. A.)

europeus protegem a soberania do mercado e dos bancos, enquanto atacam os trabalhadores mal pagos, os desempregados, os pobres urbanos e as classes médias urbanas empobrecidas. Bens comuns, coletivos e públicos são convertidos em direitos de propriedade privada. Essas políticas redistributivas são importantes para o que David Harvey definiu como o ímpeto liberal para a "acumulação por despossessão".[3] Nos quadros neoliberais da privatização, financeirização e gerenciamento das crises, empregos são extintos; as esperanças, obliteradas; os corpos, instrumentalizados e desgastados. No entanto, novas formas de vida e de subjetividade também são produzidas (isto é, a vida humana se torna capital), à medida que "dívida" se torna uma tecnologia fundamental da governamentalidade biopolítica – uma economia política e moral da própria vida. De fato, esse é o sentido original de "economia": a atribuição e gestão do *oikos* (a casa, o ambiente doméstico) como lugar por excelência do capital humano. Essa etimologia diz muito sobre a atual mudança que aparece no domínio do poder, da regra da lei à produção de medidas ordinárias para gestão de crise e decretos terapêuticos de emergência (que, por sua vez, induzem outro tipo de ordinariedade).

Em tais contextos de conhecimento, poder e subjetividade, vale repensar a democracia, a cidadania e a agência coletiva para

---

3 Harvey, David. *O novo imperialismo*. Trad. Adail Sobral e Maria Stela Gonçalves. São Paulo: Ed. Loyola, 2005. p.115 [*The New Imperialism*. Oxford: Oxford University Press, 2003]. Na edição brasileira, a expressão está traduzida como "acumulação por espoliação". Estamos considerando que espoliação se relaciona melhor com a gramática marxista do autor, mas para o nosso no contexto é fundamental acentuar a despossessão que dá título ao livro.

desenvolver novas estratégias políticas que envolvam a despossessão do endividamento como momento crucial para as histórias da governamentalidade liberal ocidental. A posse de terras e propriedades esteve, sem dúvida, no coração das ontoepistemologias da formação subjetiva nas histórias dos sujeitos ocidentais, brancos, masculinos, colonizadores, proprietários e soberanos. A definição de posse sobre o corpo do outro é, também, um momento fundacional do liberalismo. No entanto, certos corpos – de maneira paradigmática, os corpos dos escravizados – são excluídos da definição clássica de biopolítica, forjando uma conexão constitutiva entre vida, posse e liberdade. No imaginário político da modernidade ocidental capitalista (pós-)colonial, ser e ter estão constituídos de forma ontologicamente imbricada: ser é definido como ter; ter é construído como pré-requisito essencial do próprio ser humano.[4]

JB: Sim, mas talvez seja preciso ter cuidado acerca do modo como diferenciamos essas histórias particulares. Afinal, podem existir muitos imaginários políticos do "Ocidente", e "o Ocidente" tem certamente a função de um imaginário político em si. No entanto, você sugere, com razão, que as relações de propriedade estruturam e controlam nossos conceitos morais de pessoalidade, autopertencimento, agência e autoidentidade. Talvez sua abordagem passe por uma linguagem da autossuficiência um pouco diferente daquela que sugeri anteriormente. Parece que, para você, essa relação de um "eu" consigo mesmo é

---

4 Para uma análise de como o sujeito que surge no contexto colonial se forma pela coconstituição da racialidade e da posse de propriedade, ver Bhandar, Brenna. Plasticity and post-colonial recognition: "owning, knowing and being". *Law and Critique*, v.22, p.227-49, 2011. (N. A.)

descrita como uma "presença a si" e está, ela própria, implicada em uma metafísica da presença. Não sei se a presença pode ser diferenciada da autoidentidade, ou mesmo da autossuficiência. Por exemplo, se nos fazemos "presentes" uns para os outros, podemos ser despossuídos por essa mesma presença. Na sua visão, isso seria uma possibilidade? Tenho a impressão de que existe uma presença implicada na ideia de exposição corpórea, uma presença que pode se tornar oportunidade para a subjugação ou o reconhecimento. A exposição coercitiva dos corpos em postos de controle e em outros lugares de vigilância intensificada podem ser um exemplo de subjugação. O corpo deve chegar, presente a si para a inspeção, e mover-se apenas em função da velocidade e do movimento exigidos pelo soldado ou pela máquina (ou o híbrido soldado-máquina). Seria possível dizer que, nesses casos, a pessoa que tem de passar pelo posto de controle está "presente" de uma maneira que se liga à subjugação. Da mesma forma, quando atos de resistência acontecem no posto de controle, quando os corpos dão mostras ou se movem de maneiras não permitidas, quando comunidades se formam de um dos lados para limitar práticas militares e contrapor-se a elas, acontece um tipo de presença. Como podemos pensar sobre essas formas mais comuns de ser ou fazer-se presente à luz da categoria metafísica de presença que você trabalha aqui?

AA: É verdade que me interesso pelos modos de pensar as forças de despossessão nos contextos neoliberais atuais que não passem pela metafísica da presença. Agora, acredito que sua questão diz respeito ao tema da agência, que é bastante controverso. Minha questão se aproxima da sua — como é possível lidar com o problema da agência recorrendo ao pensamento pós-essencialista, sem reiterar os termos impostos por imaginários liberais e normativos. O fato de que a "presença" nunca pode estar exatamente desvinculada dos conceitos metafísicos de autoidentidade, de autossuficiência e de autotransparência não supõe que ela seja sempre subsumida por tais conceitos. Como modo de *se tornar* presente para o outro, a presença pode ser a oportunidade de um deslocamento crítico. Então, sim, quando nos tornamos presentes para um outro, podemos ser despossuídos justamente por essa presença. Quando nos tornamos presentes para o outro, como uma oportunidade de ser, ao mesmo tempo, ligados pela subjugação e responsivos e receptivos aos outros, podemos ser postos no interior da e contra a ordem autoritária da presença, que produz e restringe a inteligibilidade da presença humana e não humana. Os atos de resistência tomam as ordens estabelecidas de assujeitamento como um recurso, mas não estão condenados a reproduzir ou aumentar essas ordens inevitavelmente. A "presença a si" consiste em um vínculo que incide em uma interpelação perigosa, um vínculo tornado condição de possibilidade para ressignificações não normativas do que importa como presença. Embora a metafísica da presença não possa ser simplesmente evitada ou negada, isso não quer dizer que não somos capazes de estar presentes uns para os outros de maneiras que não são compreendidas por essa ordem. Mesmo que sejamos levados a reiterar as normas que nos produzem como sujeitos presentes, a própria reiteração impõe certo risco – se, por exemplo, reiteramos a presença de modo diferente ou catacrético, podemos colocar nossa existência social em risco (isto é, corremos o risco da dessubjetivação). Mas também podemos, talvez, começar a deslocar e reconfigurar performaticamente os contornos do que importa, do que aparece e pode ser entendido como a

Despossessão

própria presença inteligível. No entanto, será que essa repetição catacrética, uma repetição que se torna presença contra seus modos hegemônicos, pode ser admitida como "própria" nos critérios do individualismo possessivo e privativo? Acho que não. Minha percepção é que os modos de agência, como efeitos da performatividade, não podem ser tomados como "próprios". No espírito da performatividade indeterminada, porém, atos catacréticos de um "fazer-se presente" muitas vezes deslocam os termos (ou seja, propriedade, prioridade e apropriado) pelos quais a presença atingiu, por assim dizer, sua onipotência normativa.

A referência que você faz à exposição coercitiva dos corpos em lugares de vigilância intensificada certamente diz muito a esse respeito. Lembro-me, há alguns anos, de uma manifestação antiocupação organizada pelo movimento Women in Black no terrível posto militar de controle de Qalandiya, imposto por Israel para controlar o movimento populacional entre Ramallah e a cidade dividida de Jerusalém. As pessoas eram forçadas a esperar sob um sol escaldante por horas para passar pelo posto de controle e deixar Ramallah para trabalhar ou ter acesso a assistência médica. Quatrocentas manifestantes permaneceram no local empunhando cartazes antiocupação, enquanto do lado de Ramallah as mulheres palestinas cantavam e tentavam atravessar o posto de controle.

Sem dúvida, os postos de controle têm a função de foracluir a possibilidade de coabitação ou, em outras palavras, de tornar impossível uma forma relacional de despossessão. Mas essa condição de limitação e exposição corpórea pode se tornar a oportunidade não apenas de subjugação como também de resiliência, coragem e luta. Então, sim, existe uma dialética

31

da presença/ausência que acontece nessa condição política da exposição corporal diferencialmente distribuída, em que a presença (ou uma presença-efeito) se produz ao ser constantemente assombrada por suas ausências espectrais ou presenças (não) reconhecidas – o inassimilável se mantém no horizonte ontológico. Nesse contexto, o espectro faria referência aos insinuantes e insistentes restos antiontológicos, foracluídos e, no entanto, sobreviventes da demarcação normativa do humano presente ao "eu". Ou, para colocar de outra forma: o rastro é o que resta da estranha presença do outro como ausência – sua ausência presente. A essa altura, preciso explicar que minha convocação do léxico do espectro não pretende esconjurar a corporalidade. De maneira nenhuma. Na minha compreensão, o espectro envolve o retorno a algum tipo de presença corpórea, seja essa presença deslocada, desmembrada, delimitada ou foracluída. Como Derrida escreve no início de *Espectros de Marx*: "Pois, não há fantasma, não há jamais devir-espectro do espírito sem, ao menos, uma aparência de carne, num espaço de visibilidade invisível, como des-aparecer de uma aparição. Para que haja fantasma é preciso um retorno ao corpo, mas a um corpo mais abstrato do que nunca".[5] Então, quando me refiro às condições políticas da exposição corpórea, por meio das quais a presença é constantemente assombrada por suas ausências espectrais, procuro pensar o que diz e o que leva um corpo espectral a se fazer presente. Estou interessada na forma como

---

5 Derrida, Jacques. *Espectros de Marx: o estado da dívida, o trabalho do luto e a nova Internacional.* Trad. Anamaria Skinner. Rio de Janeiro: Relume--Dumará, 1994. p.170 [*Specters of Marx: The State of the Debt, the Work of Mourning and the New International.* Trad. Peggy Kamuf. London: Routledge, 1994. p.126].

Despossessão

a "hauntologia" (para me referir novamente à noção derridiana de assombração) pode exercer a função de crítica à ontologia.[6] Quais possibilidades podem ser abertas por essa mudança na teoria e na prática? Como podemos reimaginar a performatividade pela perturbação das categorizações convencionais do ontológico?

---

6 O termo *hantologie* foi criado, primeiro em francês, pelo filósofo Jacques Derrida com o objetivo de destacar o aspecto espectral e fantasmagórico da ontologia. Para isso, vale-se da homofonia entre *ontologie* (ontologia) e *hantologie* (aqui traduzido como "hauntologia"), tomando o significado do verbo francês *hanter* (assombrar) e criando, assim, um neologismo de difícil tradução. Coube ao filósofo Mark Fisher transpor o termo derridiano para o inglês, valendo-se da proximidade quase perfeita entre *hanter*, em francês, e *haunt*, em inglês. Mesmo sem produzir uma homofonia perfeita entre *hauntology* e *ontology*, Fisher propôs o seu próprio neologismo, um desafio para seus tradutores no Brasil, que buscaram soluções como "espectrologia" ou "assombrologia". Já o tradutor de Fisher para o espanhol, Fernando Bruno, usa "hauntología", seguindo a ideia de que, em se tratando de um neologismo no idioma em que foi proposto, pode permanecer como tal no idioma de chegada. Estamos experimentando o uso de "hauntologia", fazendo eco à tradução da edição argentina, mantendo proximidade com o inglês e apostando na estranheza do termo. Beatriz Zampieri também propõe "hontologia", como forma de manter a homofonia com "ontologia", e, apesar de ser uma ótima solução, optamos por "hauntologia" porque o destaque em *haunt* nos ajuda a indicar que os fantasmas são figuras muito importantes nos escritos de Butler, tanto neste livro quanto em outras obras. Em *Problemas de gênero*, e mais recentemente em *Quem tem medo do gênero?* (Boitempo, 2024), a autora tem acentuado o aspecto fantasmagórico do gênero como um tipo de perturbação insuportável na heteronormatividade. Para mais informações sobre a discussão referente a *hantologie*, ver: Rodrigues, Carla. Isso que permanece irredutível no trabalho de luto e na tarefa de tradução. In: *Traduire Derrida aujourd'hui*, revue ITER n.2, p.1-24, 2020.

Portanto, não estou certa de que a presença possa, de uma vez por todas, ser diferenciada ou desinvestida das roupagens metafísicas canônicas que compreendem a autoidentidade e a autossuficiência. Mas a metafísica também não pode ser subsumida dessas roupagens. Articular esse duplo vínculo é também, eu argumentaria, postular a questão da radicalização da performatividade e, portanto, por uma questão que deve ser deixada em suspenso. A autoidentidade carrega o peso genealógico de uma metafísica da presença mas, ao mesmo tempo, não é determinada pelo peso das histórias em que está enraizada. Ser despossuído pela presença do outro e por nossa própria presença ao outro é a única forma de se fazer presente de um para o outro. Então, a presença de um para o outro tem lugar nos limites da autossuficiência e na capacidade de autoconhecimento de cada um, na esteira da infinitude interminável do humano. Para que haja presença de um para o outro (mas também para que haja ausência, para que a ausência seja sentida por alguém), somos convocados a controlar, e às vezes a abrir mão, das normas que nos estabelecem como "eu" e como outro. Estamos necessariamente implicados nos desejos e ansiedades da presença e da propriação. Mas somos, também, capazes de expropriar os limites e riscos que esses desejos e apreensões nos oferecem. Então, o problema continua sendo como buscar a possibilidade impossível, ainda que necessária, de estar presente para o outro, "de corpo e alma", de maneiras não assimiladas ou não submetidas aos pressupostos ontológicos da autopresença normativa autoritária.

A lógica da apropriação e da despossessão, seja colonial ou neocolonial, capitalista e neoliberal, persiste ao reproduzir uma metafísica da presença na forma de uma violência inerente a subjetividades impróprias, expropriadas e despossuídas. De fato, a despossessão emerge como uma força crucial dos modos ontopológicos de corpos subjetividades, comunidades, identidades, verdades e economias políticas de vida pré-configurados. Na trilha da noção derridiana de "ontopologia", que liga o valor ontológico do ser a determinado *tópos*, determinada localidade ou determinado território,[7] poderíamos traçar as formas como a despossessão carrega em si práticas regulatórias que se relacionam às condições de situação, deslocamento e alocação, práticas que produzem e restringem a inteligibilidade humana. Isso significa que a lógica da despossessão é interminavelmente mapeada no interior de nossos corpos, em corpos-localizados particulares, por meio de matrizes normativas mas também por meio de práticas situadas de racialidade, gênero, sexualidade, intimidade, capacidade física, economia e cidadania. A lógica da despossessão produz subjetividades despossuídas, tornando-as sub-humanas ou hauntologicamente muito-humanas, vinculando-as a identidades calculáveis idênticas a si mesmas e pondo-as no lugar que lhes é próprio — a única condição espacial do ser que elas podem possivelmente ocupar, isto é, uma eterna ocupação como não-ser e não-ter. Assim, em certos corpos, "eus", em vidas que não são passíveis de serem arquivadas, a metafísica da presença é organizada como ausência, obliteração e espectralidade.

---

7 Derrida, Jacques. *Espectros de Marx: o estado da dívida, o trabalho do luto e a nova Internacional*. Trad. Anamaria Skinner. Rio de Janeiro: Relume-Dumará, 1994. p.170 [*Specters of Marx: The State of the Debt, the Work of Mourning and the New International*. Trad. Peggy Kamuf. London: Routledge, 1994. p.126].

Judith Butler

JB: Você poderia falar um pouco mais sobre sua noção de um sujeito fundado na metafísica da presença que domina, regula ou constitui outros sujeitos, cujo lugar próprio é o não--ser? Penso o "não-ser" aqui em relação, por exemplo, à ideia de "morte social" (Patterson)[8] ou às pessoas que são deixadas à morte por negligência (Mbembe)[9] ou àquelas que vivem com risco maior de mortalidade (Gilmore).[10] Pergunto-me como essas pessoas cujo "lugar próprio é o não-ser" poderiam ser descritas em termos de precariedade, ou se esse termo funciona de outra maneira.

AA: Ao designar a condição politicamente induzida na qual certas pessoas e grupos de pessoas se tornam diferencialmente expostos a injúrias físicas, violência, pobreza, endividamento e morte, "precariedade" descreve exatamente as vidas das pessoas cujo "lugar próprio é o não-ser". Isso de fato está relacionado a uma condição de descartável socialmente atribuída (condição que se prova fundamental ao regime neoliberal), assim como a muitas modalidades de desvalorização, como morte social, abandono, empobrecimento, racismo estatal e

---

8 Patterson, Orlando. *Escravidão e morte social: um estudo comparativo*. Trad. Fábio Duarte Joly. São Paulo: Editora da Universidade de São Paulo, 2008 [*Slavery and Social Death: A Comparative Study*. Cambridge, MA: Harvard University Press, 1982].

9 Mbembe, Achille. *Necropolítica: biopoder, soberania, estado de exceção, política da morte*. Trad. Renata Santini. São Paulo: n-1 Edições, 2018 [Necropolitics. Trad. Libby Meintjes. *Public Culture*, v.15, n.1, 2003]. Mbembe, Achille. *On the Postcolony*. Berkeley: University of California Press, 2001.

10 Gilmore, Ruth Wilson. *Golden Gulag: Prisons, Surplus, Crisis, and Opposition in Globalizing California*. Berkeley: University of California Press, 2007.

individual, fascismo, homofobia, assédio sexual, militarismo, má nutrição, acidentes industriais, acidentes de trabalho, privatizações e governamentalização da aversão e da empatia. Aqui é importante destacar a insistência de Achille Mbembe na conexão entre soberania e exposição à morte. Como uma modalidade de poder global que assujeita populações a condições que lhes designam o estatuto de mortos-vivos, a "necropolítica" determina quem pode ser descartado e quem não pode; distingue aqueles que são dispensáveis daqueles que não o são; e a necropolítica faz isso de maneiras que são, ao mesmo tempo, espetaculares e cotidianas, insistentes e persuasivas.[11] Em contextos como esses, o poder de despossessão funciona tornando ininteligíveis certos sujeitos, certas comunidades ou certas populações, tirando deles as condições de possibilidade para a vida e o próprio "humano". A lógica violenta da despossessão procura reiterar que o apropriado, tanto espacial quanto subjetivamente, é o corpo ser deslocado e a subjetividade ser deslocável, exigindo que se mantenham em seu próprio lugar em vez de ter um lugar próprio. Mas quando e como as vidas dessas pessoas — pessoas cujo "lugar próprio é o não-ser" — têm lugar depois da crítica da metafísica da substância? Como se produz a "substância" dessas vidas?

JB: Gosto da sua ideia de "condição de descartável socialmente atribuída", porque enfatiza a característica dos regimes neoliberais de distribuir precariedade e descartabilidade. É preciso lembrar disso especialmente se queremos entender a diferença entre, por um lado, a precariedade como uma categoria existencial que

---

11 Mbembe, Achille. *Necropolítica*; Mbembe, Achille. *On the Postcolony*. Berkeley: University of California Press, 2001.

se espera ser igualmente distribuída e, por outro, a precariedade como condição de desigualdade e destituição induzidas. Esta condição de desigualdade e destituição induzidas é uma forma de explorar uma condição existencial, já que a precariedade, entendida como vulnerabilidade ao risco físico e à perda, nunca pode ser revertida – é o que geralmente chamo de condição precária.[12] No entanto, a distribuição diferencial da precariedade, da atribuição do que é descartável, é, sem dúvida, objetiva e um efeito das formas neoliberais de vida social e econômica.

---

12 *Precariousness* e *precarity* são dois termos aos quais Butler recorre a fim de tentar diferenciar a condição de precariedade induzida por políticas econômicas, sociais e discriminatórias e a precariedade de todo vivente, cuja vulnerabilidade e exposição à morte é constitutiva. Desde a tradução de *Quadros de guerra* (Record, 2015), estamos buscando soluções para fazer essa distinção em português. Aqui, retomamos a expressão "condição precária" para designar o tipo de precariedade distribuída de maneira diferencial, conforme gênero, raça, classe, território etc. A escolha por "condição de precariedade" seguiu, em *Quadros de guerra*, o argumento de que Butler estava pensando outras condições, como a condição de ser reconhecido, a condição de ter uma vida vivível ou a condição de ser enlutável. Estamos tentando aproximar esse movimento de buscar uma camada a mais do reconhecido e do luto, por exemplo, da busca pela condição de possibilidade de verdade que se estabeleceu na filosofia transcendental. Reconhecemos, no entanto, os limites dessa solução e, por isso, a expansão para termos como "vivibilidade", "reconhecibilidade", "descartabilidade" ou "enlutabilidade" como formas de expressar a capacidade ou a habilidade de realizar algo ou de estar exposto a algo. Mesmo essa solução apresenta seus limites, por exemplo, no uso do termo *proprietariness*, que, no contexto desse livro, diz respeito à condição de possibilidade de se apropriar (não apenas de bens, terras ou posses em geral, mas também de si mesmo). Para esse termo, mantivemos a solução "condição de se apropriar". No entanto, entendemos que o uso de "condição de" deve ocorrer apenas em casos excepcionais, de tal

Despossessão

Contudo, me pergunto se "o humano" seria, para você, um ser que pode ter lugar (assumir um lugar e também, em algum sentido, "acontecer") e se esse modo de acontecimento surgiria quando – ou por meio dos atos pelos quais – uma coletividade se recusa a se colocar no seu lugar. Tenho a impressão de que se, em seus termos, o humano vem a aparecer, isso implica que o próprio deva ser deslocado. E como isso funciona quando pensamos sobre as pessoas que são despossuídas de seus territórios? Essas pessoas são forçadas a deixar os seus próprios lugares, e, nesses casos, colocar-se no seu lugar é justamente um ato de resistência.

AA: Sem dúvida. É por isso que digo que "recusa a se colocar no seu lugar", para assinalar atos de reterritorialização radicais que podem certamente incluir a permanência em locais específicos. Refiro-me às possibilidades de estar em "outro lugar" para sugerir que a sujeição nunca é estanque e definitiva, mesmo que "tenha lugar" em planos localizados e territorializados como Estados-nação, locais de trabalho, propriedades privadas, parentescos, famílias nucleares e identidades autocentradas. É de fato impossível falar em "ficar em seu lugar" ou "recusar-se a se mover" como um ato de resistência sem pensar em Rosa Parks, a ativista negra norte-americana de direitos civis que, no dia 1º

---

forma que, quando Butler usa termos como *injuriability*, optamos por "injuriabilidade", buscando expressar o sentido do que a autora está dizendo, ou seja, a capacidade de alguém ser atingido por injúrias. Quando ela recorre a termos como *realizability e unrealizability*, decidimos seguir com o uso do sufixo, usando, assim, "realizabilidade" para o primeiro e "não realizabilidade" para o segundo, indicando a capacidade de uma vida ser realizada ou de não ser realizada, no sentido de se alcançar todas as condições de existência.

de dezembro de 1955, recusou-se a obedecer ao motorista do ônibus que ordenou que ela concedesse seu assento a um passageiro branco. Na época da segregação racial, em Montgomery, no Alabama, as quatro primeiras fileiras dos ônibus eram destinadas a passageiros brancos, enquanto pessoas pretas eram forçadas a ocupar os lugares destinados a pessoas "de cor", no fundo do ônibus. Parks escreveu, em sua autobiografia:

> Sempre afirmaram que não concedi meu lugar porque estava cansada, mas isso não é verdade. Eu não estava cansada fisicamente, ou não mais cansada do que costumava estar no final de um dia de trabalho. Eu não era tão velha assim, embora as pessoas tenham essa imagem de mim naquela época. Eu tinha quarenta e dois anos. Não, meu único cansaço era o cansaço de desistir.[13]

Não ceder o assento, como ato de desobediência civil, é uma encenação da recusa em permanecer ou de mover-se ao lugar próprio que lhe foi destinado. Nesse sentido, permanecer em um lugar pode exigir algum movimento ou deslocamento. É um ato de imputar um lugar para alguém no tecido social. O que me interessa nesse momento extraordinário de desafio é a qualidade corpórea e espacial entrelaçada de não conceder como não desistir. As forças do entrelaçamento corporal e territorial da despossessão são desempenhadas na exposição dos corpos-no-lugar, exposição que pode se tornar uma circunstância de subjugação, soberania e interpelação. Pode se tornar também o caso de atos situados de resistência, resiliência e confronto

---

13 Parks, Rosa; Haskins, Jim. *Rosa Parks: My Story*. New York: Dial Books, 1992. p.116.

com as matrizes da despossessão, como apropriação da posse do seu corpo a partir dessas matrizes opressivas. Atuados e, ainda assim, atuantes, os corpos-nos-lugares e os corpos-fora-de-lugar incorporam e deslocam, de uma só vez, as condições inteligíveis de agência e corporificação.

No entanto, creio que a solução rápida de equiparar a agência à capacidade de se mover também deve ser problematizada a partir da perspectiva dos estudos sobre deficiência. Essa definição reducionista de agência, como movimento, mobilização e levante, privilegia a mobilidade e, assim, reitera a suposição de que a agência pertence propriamente a certos regimes de reconhecimento e de morfologia corporal. É importante perguntar: que outras possibilidades e articulações de agência política passam a foracluir essa conceitualização linear, cinética e fonocêntrica?

As pessoas territorialmente despossuídas de suas terras se recusam a permanecer nos lugares designados como "próprios" (isto é, no lugar de deslocamento imposto pela soberania imperial) exatamente quando permanecem nesse lugar, reivindicando o direito de permanecer no lugar e exigindo os direitos de propriedade sobre a terra. Ao mesmo tempo, é preciso ter muito cuidado ao apontar criticamente e problematizar as pretensões liberais multiculturais que defendem o "permanecer no lugar" como uma essência cultural, um solo essencial, um ser "propriamente" nativo. Esse tipo de incitação ao próprio – e com "próprio" quero dizer de costumes, "tradicional", assimilável e governável –, à autoidentidade da alteridade, não seria efetivamente um exemplo de violência epistêmica colonialista?

JB: A violência colonial pode, sem dúvida, operar das duas formas: privando uma população indígena de suas terras e, ao mesmo tempo, restringindo a mobilidade sobre as próprias terras que essa população já não possui mais. A Palestina ocupada certamente é um desses casos, mas existem inúmeros campos de refugiados que detêm e imobilizam populações ao mesmo tempo que as despossuem. Tenho a impressão de que você se refere à tática empregada pelas metrópoles europeias ao alegar que os imigrantes do norte da África e do Oriente Médio não pertenciam às "terras" europeias. A ideia de que os imigrantes devem "voltar para suas terras" (um refrão que tem sido usado por racistas nos Estados Unidos que dizem que os negros norte-americanos devem voltar para a África) sugere uma relação com a noção de "autóctone", que significa pertencer ao ctônico, ou o lugar da terra. Como você sabe, os deuses ctônicos eram deuses que pertenciam à terra e defendiam seus poderes. Agora, por toda a Europa, ouvimos sobre os autóctones em referência aos cidadãos europeus que justamente não são imigrantes. A autoctonia não é o mesmo que ser indígena. O esforço para que os imigrantes retornem às suas próprias "nações" faz parte dessa lógica nacionalista. Temos, então, que pensar a respeito dessas duas táticas diferentes e de como elas funcionam juntas: restringir o acesso de uma população à terra da qual foi despossuída e recusar a entrada dessa mesma população, que supostamente pertence a outra terra, na metrópole europeia. Aqui é possível ver como essas duas modalidades do poder colonial funcionam juntas para produzir uma situação em que a população-alvo finalmente não pertence a nenhuma terra, uma situação que incorpora um evidente impasse de despossessão.

AA: Seu argumento sobre a ideia de "autoctonia" é muito importante. Devemos recusar a ideia de que reivindicar o direito de "permanecer imóvel" diz respeito à *stasis* "tradicional".

Despossessão

Como mostram os movimentos de direito-às-cidades, reivindicar um lugar não supõe apenas ter acesso àquilo que já existe, mas, na verdade, transformar esse lugar. Poderíamos e deveríamos considerar também os movimentos sociais de trabalhadores rurais sem terra (o Movimento dos Trabalhadores Rurais Sem Terra, MST) e as lutas das populações indígenas contra a privatização da água na Bolívia; as lutas para a recuperação de direitos à terra e contra a devastação das terras indígenas no Equador executada pelas multinacionais petrolíferas; ou os protestos dos Ogoni e outros povos do Delta do Níger contra a destruição de suas terras pelas empresas petrolíferas.

A resistência política à violência da despossessão em regimes de colonialismo de povoamento, como Austrália e Canadá, também pode ser vista de maneira produtiva pelo prisma das noções de pertencimento e não pertencimento colonialmente incutidas. A experiência das populações indígenas australianas e o sentido de lugar e pertencimento se ligam à despossessão da terra e à negação dos direitos indígenas. O desenraizamento de populações indígenas, as remoções para reservas e contenções espaciais, as adoções forçadas e a alocação em instituições foram práticas permitidas e justificadas pela formação discursiva que imaginava a Austrália como uma terra não habitada antes de sua despossessão original, noção de que o continente não pertencia a ninguém antes da invasão dos colonos britânicos em 1788. A doutrina jurídica da Terra Nullius (terra de ninguém, um deserto) tornou os povos indígenas estranhos e desabrigados, sem pertencimento ou posses.[14] Essa

---

14 Moreton-Robinson, Aileen. I Still Call Australia Home: Indigenous Belonging and Place in a White Postcolonizing Society. Ahmed, Sara;

racionalidade da terra de ninguém é também usada como uma técnica de apropriação e ocupação da terra no contexto da colônia de povoamento da Palestina, em que o Ministério da Agricultura tem o poder de tomar terras não cultivadas, inclusive as terras de palestinos desalojados.[15]

JB: Sim, mas precisamos lembrar que, independentemente de disposições legais, o confisco de terras acontece ali o tempo todo. Na verdade, no fim das contas, a distinção entre o confisco de terras legal e ilegal não é tão importante, na medida em que os meios legais são tão injustos e ilegítimos quanto os ilegais.[16] Quando Netanyahu se refere aos assentamentos na Cisjordânia como prova de uma "disputa por terras", ele imagina duas partes, de igual poder, que apresentam suas reivindicações de conflitos a algum árbitro neutro. Mas Israel representa, ao mesmo tempo, a ocupação colonial, realizador e árbitro do estado de direito, o que significa que o estado de direito está implicado no próprio projeto colonial. Assim, embora às vezes "boas decisões" sejam tomadas pelos tribunais israelenses, essas decisões têm lugar em um cenário de extraordinária desigualdade. É por isso que os esforços de coexistência que não

---

Castañeda, Claudia; Fortier, Anne-Marie; Sheller, Mimi (Eds.). *Uprootings/Regroundings: Questions of Home and Migration*. Oxford: Berg, 2003. p 23-40.

15 Ver também: Bhandar, Brenna. Plasticity and post-colonial recognition: "owning, knowing and being". Law and Critique, v.22, p.227-49, 2011; Hussein, Abu Hussein; McKay, Fiona. *Access Denied: Palestinian Land Rights in Israel*. London: Zed Books, 2003; Weizman, Eyal. *Hollow Land: Israel's Architecture of Occupation*. London: Verso, 2007. (N. A.)

16 Yiftachel, Oren. *Ethnocracy: Land and Identity Politics in Israel/Palestine*. Philadelphia: University of Pennsylvania Press, 2006.

Despossessão

desafiam realmente a estrutura colonial terminam por ampliar essa estrutura e até fornecer um álibi para as versões "humanas" do colonialismo.

AA: Sim. A sujeição e a despossessão (pós-)colonial em curso são posteriormente legitimadas, normalizadas e reguladas por meio de e em nome de discursos de reconciliação, que operam para representar povos indígenas como sofredores em silêncio.[17] Assim, a despossessão, como uma forma de separar as pessoas de seus meios de sobrevivência, não é apenas um problema de privação de terras, mas também um problema de violência subjetiva e epistêmica; ou, em outras palavras, um problema de apropriação discursiva e afetiva, com implicações cruciais de gênero e sexualidade. Essa apropriação de espaços afetivos e corporais, que se liga à construção social da vitimização, é um aspecto crítico da despossessão (pós-)colonial e de seus mecanismos de normalização. A análise de Veena Das sobre os modos como o discurso do sofrimento foi usado como um tropo de legitimação que funcionou para reduzir o sofrimento das vítimas ao silêncio e à passividade no desfecho do desastre de Bopal, na Índia, é um exemplo esclarecedor dessa economia representacional de despossessão, dominação, vitimização e alienação.[18]

Para acessar a genealogia do sujeito próprio/proprietário, temos que levar em conta a estrutura da despossessão que organiza as formas contemporâneas de colonialismo, escravização

---

17 Motha, Stewart. Reconciliation as Domination. In: Veitch, Scott (Ed.). *Law and the Politics of Reconciliation*. Aldershot: Ashgate, 2007. p.69-91.

18 Das, Veena. *Critical Events: An Anthropological Perspective on Contemporary India*. Oxford: Oxford University Press, 1997.

e violência de raça e de gênero.[19] Nas colônias europeias, a propriedade era um pré-requisito para a subjetividade e cidadania políticas em si, mas também, ao mesmo tempo, vinculava-se a exigências de raça e gênero – ou seja, branquitude e masculinidade – que davam o sentido do que era próprio (e proprietário) à subjetividade humana civilizada.[20] A violência que subjetiva, dessubjetiva e despossui (como nas genealogias do colonialismo e da troca de pessoas escravizadas, mas também no novo imperialismo e na ordem internacional neoliberal, assim como em suas implicações de gênero) surge, então, como um pré-requisito para a subjetividade (proprietária, branca, masculina); tal subjetividade é constituída e habitada por processos de dessubjetivação dos outros, fazendo que eles sejam utilizáveis, empregáveis e, por fim, transformados em matéria descartável ou sem uso: sempre disponíveis, sempre dispensáveis. Os processos que os tornam descartáveis – assim como os traços espectrais de sua persistência, as lutas contra esses processos e as potências políticas que surgem dentro deles – estão no cerne de noções contínuas e incutidas de colonialidade e pós-colonialidade do sujeito liberal próprio/proprietário e autônomo.[21]

Assim, surge aqui uma questão sobre a violência epistêmica inerente às matrizes de despossessão e descartabilidade que

---

19 Ver também Bales, Kevin. *Disposable People: New Slavery in the Global Economy*. Berkeley: University of California Press, 1999.(N. A.)

20 Bhandar, Brenna. Plasticity and post-colonial recognition: "owning, knowing and being". Law and Critique, v.22, p.227-49, 2011.

21 A introdução da categoria de descartabilidade de Ranjana Khanna aprimora a noção agambeniana de "vida nua" dando ênfase ao sujeito colonizado e generificado. A esse respeito, ver Khanna, Ranjana. Disposability. *Differences*, v.20, n.1, p.181-98, 2009. (N. A.)

poderia ser articulada da seguinte forma: como as reivindicações de reconhecimento de direitos a terras e recursos, inscritas necessariamente em epistemologias de soberania, território
e propriedade, podem operar a fim de descolonizar dispositivos de propriedade e, simultaneamente, desfazer o pressuposto
colonial de subjetividade própria e proprietária?[22] O desafio é
avançar em novas gramáticas para a agência crítica contemporânea, pondo em questão, de forma radical, as ontoepistemologias do sujeito autônomo proprietário que são persistentemente
racializadas e sexualizadas. Por trás desse problema existem
certas questões que se relacionam ao pensamento crítico e às
políticas agonísticas: como, por exemplo, as noções de humanidade (e animalidade não humana) se inscrevem nas tentativas
de restituir a humanidade dos sujeitos, e como essas tentativas
são reescritas e perturbadas? O que está em jogo quando, a fim
de contestar os processos liberais de dessubjetivação e cansaço,
empregamos regimes epistêmicos ontologizadores?

JB: Acho que estamos de acordo com a ideia de que é preciso
pensar a despossessão como um modo em que os sujeitos estão
radicalmente destituídos, um modo de subjugação que deve
ser contestado. Ao mesmo tempo, parece-me que nós duas nos
perguntamos se "posse" seria o nome desse contramovimento.
Reclamar terras roubadas certamente é crucial para muitos
movimentos indígenas e, ainda assim, isso é diferente de estabelecer o sujeito como aquele que possui a si mesmo e seus

---

22 Para uma instigante discussão acerca dessa problemática à luz das
falhas e dos limites da dialética do reconhecimento no contexto cana-
dense, ver Bhandar, Brenna. Plasticity and Post-colonial Recognition:
"Owning, Knowing and Being". *Law and Critique*, v.22, n.3, p.227-49,
2011. (N. A.)

objetos no mundo, um sujeito cujas relações com os outros são definidas pela posse e suas instrumentalidades. O movimento de reclamar a terra envolve pessoas trabalhando juntas, reconhecendo um modo comum de subjugação e disputando formas de individualismo que produziriam "exceções" e "heróis". Então, se um certo tipo de mobilização política, mesmo sendo contra a despossessão de terra, está baseado em uma ideia de interdependência social, ou em modos de posse que às vezes recorrem à soberania (como acontece nos movimentos políticos do Havaí), isso sugere que as reivindicações de terra acontecem com e contra noções tradicionais de soberania.

AA: Diria que, além disso, essa compreensão dos modos cruciais como a despossessão habita as dificuldades e possibilidades críticas de subjetivação, dessubjetivação e desumanização traz mais clareza à forma como a despossessão persiste para além da colônia e da pós-colônia. No contexto das formas neoliberais do capital – combinadas às políticas de migração mais rígidas e à abjeção a apátridas, *sans-papiers*, imigrantes "ilegais" –, corpos (isto é, capital humano) se tornam cada vez mais descartáveis, despossuídos pelo capital e seus excessos de exploração, incontáveis e não contabilizados. Ao mesmo tempo, são individualizados e subjetivados pelas técnicas biopolíticas sutis e reflexivas de autoformação, autocuidado, autoformação e governo de si.[23] Sem dúvida, essas técnicas de poder, assim como recursos e vulnerabilidades, são distribuídas de maneiras

---

23 Foucault, Michel. The Ethics of the Concern for Self as a Practice of Freedom. In: Rabinow, Paul (Ed.). *Michel Foucault, Ethics, Subjectivity and Truth*, v.1 de *Essential Works of Foucault 1954-1984*. New York: The New Press, 1997. p.281-301.

diferentes e desiguais entre os diversos corpos – corpos diferencialmente generificados e racializados. Sob os auspícios do governo neoliberal, a administração global biopolítica de vida e morte é reinventada, revitalizada e reconfigurada. Isso é notável na guerra contra o terror, nas disparidades e na exaustão econômica, na normalização da pobreza e da precariedade nos contextos capitalistas de gestão de crise, racismo, controle de imigração e em regimes vigentes de ocupação colonial.

No entanto, deixe-me fazer uma ressalva a respeito das formas como a governamentalidade neoliberal investe na matéria humana. Não acho que seja correto afirmar que a particularidade que dá forma à nossa fase neoliberal é uma configuração de poder "anacrônica", centrada na morte a despeito da vida. As formas contemporâneas de governo liberal não regressaram simplesmente a forças passadas, negativas, não humanas e injuriosas. Também não devemos evocar a hipótese repressiva para desafiar o liberalismo atual e seus excessos. Em vez de narrativas de periodização marcadas pela lógica redutiva do progresso e do regresso, gostaria de sugerir que operemos mais uma vez uma crítica não linear das formações contemporâneas de poder e dos modos de constituição subjetiva que contam com manifestações contemporâneas e inseparáveis de dessubjetivação, subjetivação, desumanização e humanização: "deixar viver" e "fazer morrer", "fazer viver" e "deixar morrer", para usar a retórica de Foucault na análise do racismo de Estado no livro *Em defesa da sociedade*.[24] Contra a leitura redutiva

---

24 Foucault, Michel. *Em defesa da sociedade*. Trad. Maria Ermantina Galvão. São Paulo: Martins Fontes, 1999 [*Society Must Be Defended*. Trad. David Macey. New York: Picador, 2002].

da genealogia da biopolítica foucaultiana, que tende a suspender ou subestimar uma modalidade de poder em favor de outra (por exemplo, "positivo" *versus* "negativo"), é preciso levar em conta e estar criticamente engajada na coimplicação e na coexistência integrais das formações "repressivas" e "produtivas" de governo de si e dos outros. De fato, o poder colonial liberal dependeu da constituição de subjetividades e de vínculos afetivos. Sabemos disso a partir de inúmeros pensadores críticos, de Fanon a Ann Stoler; ela rastreou, de maneira bastante perspicaz, o papel crítico desempenhado por estruturas de intimidade na criação de categorias racializadas e sexualizadas de governo imperial na Indonésia no final do século XIX e início do século XX.[25] O poder neoliberal contemporâneo, em sua força de extração de lucro repressiva, subjugadora, brutal e tanatopolítica, não perdeu sua bioprodutividade performativa ao capacitar modos vivos de subjetividade, assim como ao inocular fantasias normativas e efeitos de verdade da "boa vida"[26] em sujeitos donos-de-si[27] (uma vida definida, por exemplo, pela propriedade, fetichismo da mercadoria, incitação ao consumo, regimes securitários, pertencimento nacional, autoformação burguesa e normalidade biopolítica). Na verdade, a

---

25 Stoler, Ann. *Carnal Knowledge and Imperial Power: Race and the Intimate in Colonial Rule*. Berkeley: University of California Press, 2002.

26 Foucault, Michel. The Ethics of the Concern for Self as a Practice of Freedom. In: Rabinow, Paul (Ed.). Ethics, Subjectivity and Truth. v.I. *Essential Works of Foucault 1954-1984*. New York: The New Press, 1997. p.281-301.

27 Embora a união destas palavras com o uso de hífens não esteja dicionarizada no Brasil, mantivemos conforme o original sempre que a ligação demonstrava a intenção de produzir um novo termo.

governamentalidade do momento presente investe – política, psíquica e economicamente – na produção e gestão de formas de vida: "faz viver", inoculando modos de formação da "própria" vida, enquanto destrói e exaure economicamente certos modos de vida, foracluindo-os, tornando-os descartáveis e perecíveis. Essa dinâmica político-afetiva da (des)subjetivação que opera pela constante produção, governo e destruição de aspirações parece ser fundamental à "economia de abandono" do liberalismo tardio, para usar um termo de Elizabeth Povinelli.[28] Nesse sentido, pode ser útil levantar, de novo e mais uma vez, a questão do que significaria o exercício crítico de apreensão do político em nosso presente político das tecnologias governamentais (neo)liberais do "eu". O que esse engajamento com as reconfigurações atuais de governo biopolítico significaria para o pensamento crítico progressista e para as políticas do liberalismo tardio, na esteira dos movimentos anticoloniais e anticapitalistas? Que tipo de presente poderia entrar em cena a partir da política performativa de sobrevivência e das formas alternativas de vida?

Essas formas de poder, inscritas de maneira colonial por processos de racialização e sexualização, estão envolvidas nas economias de propriedade-apropriada do sujeito e do lugar moderno, produzindo imensas ontoepistemologias de humanidade e não humanidade, posse e despossessão, vivibilidade e não vivibilidade. Quando se trata do "humano", a questão da distribuição diferencial da humanidade deve ser constante e energicamente endereçada: o limite, sempre em mudança e

---

28 Povinelli, Elizabeth. *Economies of Abandonment: Social Belonging and Endurance in Late Liberalism*. Durham, NC: Duke University Press, 2011.

sempre variável, entre as pessoas que são consideradas propriamente humanas e as que não são, entre aquelas que têm direito a uma vida longa e aquelas que são relegadas a uma morte lenta. O humano não pode, então, ser pressuposto. O ponto aqui não é introduzir uma distinção ou um intervalo temporal entre uma humanidade pré-existente, original e inerente que só depois viria a tomar forma, uma humanidade variavelmente distribuída no interior de configurações de poder contingentes. Na verdade, o ponto é que o humano não tem lugar "próprio" fora de sua situação e sua alocação sociais, que incluem a exposição à possibilidade de ser desfeito. O humano é sempre o acontecimento de suas múltiplas exposições – tanto em sua relacionalidade com os outros quanto em sua exposição às forças normativas que organizam as matrizes sociais, políticas e culturais da humanidade. O acontecimento do humano inclui, também, gestos que deslocam o que é próprio ao humano, ou seja, sua suposta autoevidência como um predicado a um homem com propriedade e apropriado. Esses gestos levam a questões como: a quem pertence o humano, ou quem tem o humano? Quem ou o que detém o lugar do humano? A humanidade de quem é despossuída? Que elipses são essas que dão lugar ao humano? Que tipo de humano é constituído como não humano ou menos que humano? Essas são questões que expõem os modos como "o humano" se tornou, historicamente, um mecanismo hegemônico de apoio para as matrizes cruzadas de expansão colonial, falocentrismo, heteronormatividade e individualismo possessivo. Ao mesmo tempo, são questões que, por acaso ou não, de maneira inevitável ou não, reiteram a ligação entre o humano e a posse. (A quem *pertence* o humano? E quem *tem* o humano?)

Assim, calcular o humano envolve um endereçamento das normas pelas quais se concede a inteligibilidade como humano: uma inteligibilidade sem a qual os humanos devem permanecer fora de lugar, nos confins do ser e do devir. Ao mesmo tempo, a categoria unívoca do humano é sempre perturbada e assombrada pela humanidade trepidante de quem vive, difere, importa, é sexualizado, toca e é tocado de outra maneira, em algum lugar.

JB: Você quer dizer que qualquer versão do "humano" é assombrada por uma perda recusada e que nenhuma versão do humano pode superar completamente essa recusa?

AA: Sim. Isso não implica, no entanto, ampliar o monologismo coercitivo do "humano" que inclua sua mais-valia previamente excluída ou des-apropriada, e sim um desafio aos termos normativos pelos quais o humano se estabelece, produzindo perdas recusadas e excessos afirmados. Embora essas perdas e excessos sejam normativamente representados em termos de uma taxonomia exteriorizável, ambos são fundamentalmente internos à abstração autoritária do humano na medida em que funcionam como sua condição de possibilidade. Essas perdas e excessos assumem ou a forma da produção discursiva do não humano ou a forma da elipse discursiva da humanidade representável, imaginável e reconhecível. Penso, por exemplo, na concepção adorniana do não humano como necessário para o humano.[29] Em ambos os casos, a violação de uma vida que foi discursivamente figurada como não humana, que foi omitida

---

29 Adorno, Theodor. *Minima Moralia: reflexões a partir da vida lesada.* Trad. Gabriel Cohn. São Paulo: Beco do Azougue, 2008 [*Minima Moralia: Reflections from Damaged Life.* Trad. E. F. Jephcott. London: Verso, 1996].

da discursividade humana ou que foi incluída de maneira condicional como um humano excepcionalmente autêntico não é vista como uma violação. O endereçamento e a reparação dessa violência não podem ter lugar no mundo tal como ele é hoje. Nesse sentido, se "o humano" pode eventualmente ter lugar (assumir um lugar, mas também "acontecer") nos termos de uma ressignificação radical e subversiva, esse tomar lugar pode acontecer pela recusa do humano em se colocar no seu lugar. Assim, a "ontopologia" do humano se relaciona à questão da matéria, isto é, à questão da (des)constituição e (des)valorização da matéria humana e dos humanos que importam. Então, em vez de uma reabilitação de um sujeito humanista na forma da tolerância ou inclusão assimilacionista liberal de identidades pré-formadas, o potencial político dessa crítica – se é que existe algum – seria subverter essas normas e abrir o humano a rearticulações radicais de humanidade.

JB: Entendo o que você está dizendo, mas tenho algumas ressalvas. Não haveria uma tensão entre um excesso afirmado e uma perda recusada (a marca da melancolia)? Essas seriam duas formas distintas de descrever o que tem lugar ou é produzido fora das fronteiras do humano, algo que, então, "excede" essas fronteiras e, assim, instaura e mantém essas fronteiras a partir de seu exterior? Estamos falando de uma perda que não pode ser afirmada ou de um excesso que é, em si, uma radicalização da experiência da perda, uma radicalização que se torna uma forma de afirmação, se não o trabalho da afirmação? Esse seria o caso quando, por exemplo, os bárbaros, os monstros ou os animais tomam as ruas?

Estou de acordo com sua abordagem sobre o animal por muitos motivos: parece-me que os animais estão, ao mesmo

Despossessão

tempo, dentro e fora da forma humana; parece também que existem políticas de rua para os animais (levemos em conta o caso dos gatos nas ruas de Roma); por fim, para perseguir essas questões parece que temos que lutar contra as versões do humano que tomam o animal como seu oposto e, no lugar dessas versões, propor uma reivindicação da animalidade humana. Isso me parece muito importante, não apenas para repensar as bases materiais do humano, mas também porque não podemos compreender a vida humana sem entender que seus modos estão conectados a outras formas de vida das quais a vida humana se distingue e das quais é um *continuum*. Se nos movemos em direção a uma perspectiva relacional, disso se segue que o humano não apenas tem uma relação com os animais (pensados como o outro), mas está, em si, implicado em sua própria animalidade. Essa animalidade lhe é própria e ainda não lhe é própria, e é por isso que tanto a animalidade quanto a vida constituem e excedem o que quer que chamemos de humano. A questão não consiste tanto em encontrar a tipologia certa, mas em entender em que ponto o pensamento tipológico cai por terra. O animal humano talvez seja uma maneira de nomear o colapso da distinção tipológica.

Eu concordaria que, à medida que tentamos criticar o que é "próprio" no "propriamente humano", tentamos saber de que maneira a perda do que é próprio de alguma pessoa é crucial para qualquer compreensão de apropriação indevida (de terras, de bens, de trabalho) ou mesmo de roubo e expulsão. O desafio do próprio demonstra, em parte, que o humano e o animal estão ligados e que outras formas de ligar e conectar fazem parte de qualquer mobilização contra a despossessão política e econômica. Quando tratamos esse problema como se fosse uma simples inversão dialética, estamos impedidas de pensar um outro conjunto de questões: quem e o que é excluído do "humano" e como a categoria de "humano" passa a se formar contra o pano de fundo do abjeto ou do recusado?[30] Em outras palavras, como se deu a formação e a manutenção do humano em relação a um conjunto de despossessões?

AA: Entendo seu argumento a respeito da tensão entre uma perda recusada e um excesso afirmado. Diria apenas, de forma bastante provisória, que se a perda recusada se refere ao que é tornado abjeto ou foracluído do humano, o excesso afirmado denota formas de vida que são reconhecidas como humanas dentro das normas de reconhecibilidade estabelecidas, sob essa condição e com o custo de conformação a essas normas. Se a perda recusada se refere ao que tem lugar fora das fronteiras do humano, o excesso afirmado pode ser uma forma de descrever o que é produzido no modo de uma inclusão exclusiva; esses seres permanecem, de certa maneira, supérfluos e ainda assim são interpelados de forma dissimulada e condicional no interior das categorias demasiadamente normativas do humano. Mas, sem dúvida, esses dois casos não se referem a uma distinção ontológica fixa. O que é produzido fora das fronteiras do humano pode "exceder" seus limites e, assim, manter ou perturbar essas fronteiras a partir seu exterior.

Tenho a impressão de que o que liga esses dois casos – em uma relação de tensão, certamente – é a potência radical que surge das perdas, repúdios, foraclusões e conhecimentos normativos por meio dos quais a inteligibilidade humana

---

30 Esmeir, Samera. *Juridical Humanity: A Colonial History*. Stanford: Stanford University Press, 2012.

Despossessão

é constituída. Então, sim, uma radicalização da experiência da perda exporia ou desafiaria essas ficções reguladoras que produzem o ininteligível, embora não de maneira totalizante e teológica. Como você disse, "e o que acontece quando, por exemplo, os bárbaros, os monstros ou os animais tomam as ruas?". Poderíamos acrescentar: os estranhos, os *sans-papiers*, os desempregados, os queer. À medida que lutamos hoje, de maneira conjunta e parcial, em circunstâncias do presente em que questões de sobrevivência estão em jogo, queeridade, antirracismo, antiprecariedade e solidariedade interespécies realmente importam como encenações das lutas e dos modos transformadores de sobrevivência.[31] Ao trazer o animal e o monstro, você acrescentou muito bem a relacionalidade à nossa perspectiva sobre a forma humana. Para perseguir essa questão, precisamos repensar a materialidade do humano por meio de amálgamas e remontagens do animado e do inanimado, humano e não humano, animal e animal humano, vida e morte. Estar invariavelmente em comunidades junto a outras formas de vida, em domínios sociais de corpos coimplicados e diferencialmente corporificados serve, em primeiro lugar, como um desmonte da fantasia de um sujeito humano autossuficiente; também

---

31 Apesar de muitas tentativas de tradução de queer – como cuir, por exemplo –, acreditamos que o caráter intraduzível do termo original incorporou o uso de queer na gramática dos debates sobre direitos de pessoas LGBTQIA+. Queer já é encontrado, por exemplo, no Vocabulário Ortográfico da Língua Portuguesa, da ABL, ainda que com indicação de termo estrangeiro. Nesta mesma direção, e considerando a aceitação da palavra e seus derivados nas traduções brasileiras, temos adotado também o termo queeridade, cujo sentido original diz respeito à qualidade do que é queer.

Judith Butler

fornece meios necessários para entender o ser-comum, além do comunitarismo e do antropomorfismo, como uma condição para novas possibilidades de política – uma política que envolva o compromisso com a condição biopolítica na medida em que revisita as premissas humanistas do (bio)político.

3
Uma ressalva sobre a
"primazia da economia"

AA: Conforme conversamos sobre a necessidade e possibilidade radical de perturbar os termos que definem o político em nossos tempos, gostaria de apresentar um problema e convidá-la a pensar comigo. Gostaria de dizer que, quando revisitamos as economias políticas, éticas e afetivas da despossessão, sinto uma perplexidade a respeito de certa tendência política e teórica de privilegiar e reificar a categoria da "economia" à luz da atual crise financeira. Sem dúvida, essa tendência tem aparecido há algum tempo acompanhada dos discursos da divisão entre condições "primárias" e "secundárias" de opressão, de modo que as condições primárias são representadas pelo "material" e pelo "econômico", enquanto as secundárias, pelo que é "meramente cultural".[1] Houve uma contestação, por parte dos intelectuais

---

1 Ver também a conversa entre Judith Butler e Nancy Fraser publicada na *New Left Review* e na revista *Social Text*, com diferentes perspectivas da relação entre capitalismo e heterossexismo: Butler, Judith. Merely cultural. *New Left Review*, n.227, p.33-44, 1998 (anteriormente publicado em *Social Text*, n.52/53, p.265-77, 1997); Fraser, Nancy. Heterosexism, Misrecognition and Capitalism. *New Left Review*, n.228,

progressistas da década de 1980, que afirmava o suposto abandono do projeto materialista. Essa contestação se deu quando o pós-estruturalismo foi demonizado como politicamente paralisante. Minha preocupação é que, no presente momento da história política e social da esquerda, esse discurso volte a ser usado, já que o neoliberalismo nos leva a uma nova afirmação e um novo conhecimento da chamada primazia da economia. A atualidade pode ser retratada como uma incitação nova e revigorada do discurso econômico, que se manifesta de muitas formas (embora muito heterogêneas): ou como uma terapêutica e uma gestão financeira tecnocrática pós-política ou como perspectivas críticas, anticapitalistas e antineoliberais que tomam o

---

p.140-9, 1998 (anteriormente publicado em *Social Text*, n.52/53, p.279-89, 1997). (N. A.)

A expressão "meramente cultural" faz referência ao artigo publicado por Butler, conforme referência acima, a partir do qual se estabeleceu uma intensa discussão em torno do velho embate entre feminismo e certa corrente do marxismo que compreende as reivindicações feministas como identitárias, culturais e sem capacidade de produzir transformações fundamentais na vida social. Butler argumentava que as formas de violência contra pessoas generificadas e racializadas não podem ser entendidas como secundárias em relação a opressões materiais, já que essas pessoas são mais afetados por desigualdades socioeconômicas do que outras. Rebatida em artigo de Nancy Fraser, publicado no mesmo periódico, o debate que se estabeleceu no final dos anos 1990 serviu para reacender a discussão entre o que pode ser considerado "apenas" um problema da cultura e o que deve ser abraçado como pauta legítima por parte da esquerda. Os dois textos foram posteriormente publicados na *New Left Review* e foram traduzidos no Brasil por Aléxia Bretas: Butler, Judith. Meramente cultural. *Ideias*, Campinas, v.7, n.2, p.227-48, 2017; Fraser, Nancy. Heterossexismo, falso reconhecimento e capitalismo: uma resposta a Judith Butler. *Ideias*, Campinas, v.8, n.1, p.277-94, 2017.

campo econômico para fornecer a única arena possível na qual pode ser forjada uma posição política ampla e rigorosa contra o neoliberalismo. Se minha exposição estiver correta, essa retomada da ortodoxia economicista opera epistemologicamente em junção com a lógica neoliberal. Essa reedição da primazia da economia poderia ser o presságio de um conservadorismo social ressurgente de esquerda? No entanto, apresso-me em acrescentar que certamente existem muitos movimentos e coletividades de esquerda no mundo de hoje que estão cientes desses dilemas e respondem com sucesso a tais desafios.

Não tenho dúvida que "economia" é, hoje, uma interpelação difusa, insidiosa e poderosa pela qual sujeitos (e não sujeitos) são chamados à formação e reformulação. Mas eu argumentaria que o momento histórico atual não se resume à economia *em si* (se é que isso existe), e, mais importante, a economia não é apenas sobre o econômico "em si". Talvez seja possível reformular essa ressalva como: não há nada meramente econômico na economia.

JB: Então você está sugerindo que tornar a economia um domínio autônomo é uma forma de aceitar os argumentos do cálculo e da ciência econômica proclamados pelo neoliberalismo? Acredito que isso se aproxime de um antigo argumento de Marx – e dos antropólogos marxistas – de que uma das vitórias do capitalismo foi a distinção analítica entre o domínio social e o domínio econômico. "Desvincular" as estruturas econômicas de suas conjunturas e convenções históricas e sociais é justamente a condição do formalismo econômico.

AA: Esse é exatamente o meu ponto, mas deixe-me ser mais específica. Os regimes de poder atuais suscitam questões urgentes e complicadas sobre como pensar e agir para opor-se a esses regimes, além de como se engajar com as materialidades da vida que são produzidas por esses regimes. Perturbar a hegemonia do capitalismo envolve a abertura a espaços conceituais, discursivos, afetivos e políticos a fim de ampliar nosso imaginário político e econômico. Isso exige explorar também quais formas e normas de apropriação da mais-valia são ocultadas pela preocupação formalista com a economia neoliberal. Acho importante prestar atenção às maneiras pelas quais o neoliberalismo se estabelece – não como um modo de gestão econômica e de governo corporativo, mas, antes, como uma "racionalidade política" (de acordo com Wendy Brown)[2] ou uma matriz de inteligibilidade que funciona para substituir o político por uma governança tecnocrática, corporativa e pós-política. A produção de populações dispensáveis e descartáveis (ecoando o "excedente populacional" de Marx) tem tudo a ver com as questões de racismo, sexismo, homofobia, heteronormatividade, capacitismo e familismo. Todas essas questões têm sido historicamente consideradas irrelevantes para a "real" política. O capitalismo de nossos tempos tem tudo a ver com a biopolítica do darwinismo social – com todas suas implicações de raça, gênero, sexualidade, classe e capacidade – inerentes à governamentalidade neoliberal. Tenho a impressão de que a biopolítica está no coração das lógicas, fantasias e tecnologias que engendram as economias políticas e morais do liberalismo tardio em que vivemos.

JB: Mas talvez haja dois problemas diferentes aqui. O primeiro é sobre a construção de um sistema econômico autônomo

---

2 Brown, Wendy. Neo-liberalism and the End of Liberal Democracy. *Theory & Event*, v.7, n.1, 2003.

cujas operações exigem modelos formais que delimitam e separam processos econômicos de processos sócio-históricos. O segundo parece ser a respeito de um tipo de marxismo que continua afirmando ou assumindo acriticamente formas de opressão primárias e secundárias. Como pensar o "extraeconômico" na economia em resposta ao primeiro problema? E como evitamos a recusa ao "meramente cultural" implicado no segundo problema? Creio que você quer dizer também que algumas críticas da esquerda terminam por reproduzir o pressuposto de autonomia na esfera econômica, assim como sua primazia na determinação da realidade política e social. Parece também que você sugere que a compreensão do neoliberalismo como uma *racionalidade política* (cf. Wendy Brown) é uma maneira de superar a divisão econômica e cultural, dispensando o modelo de determinações primárias e secundárias e suas reduções economicistas.

AA: Exatamente. Sem dúvida, os conceitos e epistemologias que empregamos para desconstruir as ordens de poder atuais estão necessariamente implicados nessas mesmas ordens, que dividem o mundo em esferas separadas (economia, sociedade, cultura, política) e estão investidas na produção de uma esfera econômica em particular. Acho, no entanto, que precisamos imaginar e pôr em ato formas alternativas (ou seja, não econômicas) de fazer uso do conceito de "economia", para além do senso comum. É necessário, mais uma vez, levantar as seguintes questões: será que o capitalismo, em sua atual mutação como estado de exceção (isto é, de "crise"), interpela-nos de forma inevitável como sujeitos da economia? Como sujeitos de uma luta econômica competitiva pela sobrevivência? Será que isso nos insere em um enquadramento que corrobora a divisão anacrônica entre o "material" e o "cultural"? Será que

Judith Butler

certa configuração economicista pretensamente distinta, disfarçada de única arena política séria e robusta, faz que corramos o risco de deixar que a contestação política seja colonizada? Creio que um dos efeitos formativos dessa incitação ao reducionismo economicista seja a desconsideração de perspectivas aparentemente não economicistas – ou não econômicas – que se ocupam de questões e formas políticas secundárias, derivativas, muito particulares e, "no fim das contas", *triviais*. Então, é importante considerar e fornecer perspectivas não economicistas e não econômicas para a política contemporânea. Tenho a impressão de que o desafio hoje é entender melhor como a normatividade econômica disfarçada pelo neoliberalismo se liga de maneira inevitável e fundamental à reprodução das normatividades de gênero, de sexualidade, de parentesco, de desejo e da biopolítica (isto é, do biocapital, do capital humano).

JB: Em certo sentido, confrontamo-nos mais uma vez com o desafio encarado pelas feministas de uma década atrás, um desafio que ainda importa para quem pensa a economia familiar, a reprodução do trabalho e a produção diferencial do analfabetismo e da pobreza.[3] Meu interesse pela precariedade, que

---

3 Este livro, publicado em 2013, é resultado de conversas iniciadas ainda em 2009. Butler está se referindo aos debates feministas do início dos anos 2000, quando se acentua a discussão a respeito da teoria da reprodução social e dos modos específicos de exploração do trabalho das mulheres. No Brasil, esse debate havia sido muito intenso nos anos 1970 e 1980, principalmente a partir do trabalho de Heleieth Safiotti (*A mulher na sociedade de classes: mito e realidade*, cuja primeira edição é de 1968). Dali em diante, um grande número de feministas brasileiras, em especial as de matriz marxista, engaja-se na discussão da desigualdade de gênero no mercado de trabalho e da chamada "dupla jornada". No contexto dos Estados Unidos, destaca-se o trabalho de

Despossessão

é também uma consideração a respeito da "precarização", dá-se pelo fato de que esse tema descreve o processo de naturalizar a insegurança da população. O funcionamento da precariedade se dá pela exposição de um público-alvo ao desemprego ou a oscilações radicalmente imprevisíveis entre emprego e desemprego, produzindo pobreza e insegurança em relação a um futuro econômico e também se manifestando como uma interpelação dessa população tornada dispensável, se não plenamente abandonada. Esses registros afetivos da precarização incluem o sentimento vivo de precariedade, que pode ser articulado a um sentido de futuro comprometido e a uma sensação de ansiedade aumentada em relação ao adoecimento ou à mortalidade (especialmente quando não há sistema de saúde ou quando as condições de trabalho e a ansiedade acelerada convergem em um corpo debilitado). Esse é apenas um exemplo de como uma condição atravessa as esferas culturais e econômicas, mostrando justamente por que precisamos de um novo conjunto de formas e categorias transversais de pensamento capazes de remeter, de uma só vez, tanto ao dualismo quanto ao determinismo.

Silvia Federici, tendo a primeira edição de *Calibã e a bruxa: mulheres, corpo e acumulação primitiva* sido publicada em 2004. Mais recentemente, e já pautadas pela crise contemporânea do cuidado em tempos de desmonte das estruturas do Estado de bem-estar social, Nancy Fraser e Tithi Bhattacharya retomam o tema com o livro *Teoria da reprodução social: remapear a classe, recentralizar a opressão*, organizado por Bhattacharya (Trad. Juliana Penna. São Paulo: Ubu Editora, 2023). Para uma atualização de como esse debate se dá hoje no Brasil, ver ainda o dossiê "Feminismo e reprodução social", publicado na *Revista Rosa* (v.9, n.3, jun. 2024, disponível em: https://revistarosa.com/9/feminismo-e-reproducao-social, acesso em: 31 ago. 2024).

4
Despossessões sexuais

AA: No contexto das teorias feministas de gênero pós-estruturalistas e psicanalíticas, a despossessão pode ser relacionada a ficções de gênero e sexualidade cruciais, constitutivas e regulatórias — nomeadamente, ter *versus* não ter. Ter ou não ter o falo, em sua relação intransponível entre *ser* e *ter* o falo, estão no coração dos pressupostos de materialidade que constroem regimes de verdade sobre sexo, gênero e corpo.

JB: Pergunto-me se podemos pensar conjuntamente sobre o que acontece quando empregamos "ficções constitutivas" ao lado de "ficções regulatórias". Será que queremos dizer que determinada ficção regula a formação do gênero e da sexualidade? Geralmente se pensa regulação e constituição como atividades tipicamente separadas, de maneira que a conjunção entre essas duas palavras parece sugerir que os modos pelos quais se regulam gênero e sexualidade são também as condições de possibilidade para seu surgimento. Em outras palavras, os ideais regulatórios modelam o percurso para o gênero e a sexualidade emergentes. Será que essa dupla operação de poder funciona da mesma maneira para o gênero e para a sexualidade? Tenho a impressão de que talvez seja importante separar a constituição regulatória do gênero daquela da sexualidade, de modo que não podemos assumir a permanência de um vínculo causal ou estrutural entre ambos. Esses dois termos estão, certamente e com muita frequência, implicados entre si. No entanto, para entender como se dá essa implicação, precisamos fazer uma análise situacional. Não quero dizer que a regulação de gênero está apenas e sempre a serviço de uma sexualidade regulatória ou que a regulação da sexualidade tem como objetivo principal a estabilização das normas de gênero. Embora isso às vezes seja verdade, é muito comum que esses dois modos regulatórios funcionem de formas cruzadas ou de maneiras que provam ser relativamente indiferentes entre si.

AA: Em resposta à sua questão sobre o que significa a conjunção entre modos de poder "constitutivos" e "regulatórios", diria que o gesto de trazê-los juntos talvez procure expor os poderes ambivalentes e provisórios de subjetivação que, como você diz, ao mesmo tempo constituem e regulam os sujeitos. Mas essa constituição se dá de modos múltiplos, contingentes, intensos, contextuais e dispersos e de modos que abrangem os vínculos entre os sujeitos eróticos e suas designações de identidade, as quais são convocados a assumir e performar, embora de maneira não perfeitamente atualizada e controlada. O que importa na cena de subjetivação é que o desejo e a lei estão inextrincavelmente entrelaçados. Nesse entrelaçamento performativo, as categorias, identidades e fantasias de gênero e sexualidade são reconstruídas e reinventadas de maneiras imprevistas na medida em que a lei "se esforça" (uma representação de poder tão intencional e teleológica aqui é apenas catacrética) em produzi-las, afirmá-las, consolidá-las, detê-las, comodificá-las ou torná-las apropriadas. Talvez seja crítico refletir sobre os modos como os termos "constitutivo" e "regulatório", assim como a relação entre ambos, são fabricados, reformulados, retrançados e remontados nesse processo provisório e contestável. Minha impressão, então, é que a irrupção da transição conceitual entre constituição e regulação é uma maneira de sugerir, como você diz, que os modos de regulação do gênero e da sexualidade podem ser também a condição de possibilidade para seu surgimento. É verdade que essa formulação nos deixa com uma série de questões. Pergunto-me, por exemplo, se a dificuldade em pensar esse vínculo entre constituição e regulação pode ter a ver com a suposta distinção entre os momentos primários e secundários do processo de subjetivação (isto é, "narcisismo primário" e "narcisismo secundário"). Como é possível entender o convite a performar e conformar para além dessa perspectiva de transição cronológica, que nos faz assumir um corpo *pré*-discursivo e uma intenção *primária* do poder como transitiva e externa a esse corpo? Para chegar a essa compreensão, talvez precisemos desconstruir a divisão epistemológica entre um poder primário, produtivo e afirmativo como constitutivo de um sujeito e um poder secundário, regulatório ou subordinado que lhe é externo. Também precisamos desestabilizar, ao mesmo tempo, certa perspectiva ontológica de poder, na qual o poder se assemelha a uma propriedade que pode ser possuída ou alienada, e os concomitantes relatos da subjetividade, nos quais o sujeito é considerado um agente possessivo e possuidor de si. Assim, essa discussão nos leva às forças inerentemente ambivalentes e indecidíveis da subjetivação, tanto em suas funções constitutivas e regulatórias quanto para além da distinção problemática entre os aspectos "positivos" e "negativos" do poder. Assim, em vez de distinguir os modos de poder "produtivos" dos "destrutivos", podemos buscar a conceitualização da produtividade destrutiva e a destrutividade produtiva inerentes a nosso atual momento biopolítico.

JB: Bom, eu não saberia dizer se há um único "momento biopolítico" agora ou se há um campo do biopolítico que opera de formas muito diferentes a depender do lugar a que nos referimos. Creio que existem certas ambivalências como essa que podemos ver com facilidade nos campos dos direitos de gays e lésbicas e dos direitos humanos em particular. Lembro quando, anos atrás, disseram-me que eu deveria dizer em público que a homossexualidade não é uma escolha. Na verdade, penso que a questão da "escolha" é muito complicada quando se trata do que chamamos de "orientação sexual". De fato, fui convencida por Leticia Sabsay de que existe algo muito problemático na ideia de "orientação sexual", já que ela designa uma disposição a um sujeito e, assim, dá conta de uma noção radicalmente não relacional da sexualidade.[1] Um modo de sexualidade e seu "objeto de escolha" podem ser recorrentes e até mesmo obsessivos, mas isso necessariamente qualifica esse modo de discernimento sexual como uma orientação? Quando, como (e por que) procuramos fazer uma distinção tão rigorosa entre ato, prática e identidade? O motivo pelo qual a orientação sexual deve permanecer como uma "não escolha" é que isso a qualifica como uma característica social involuntária e, por isso, como algo que exige uma proteção especial contra a discriminação

---

1 Sabsay, Leticia. *Las normas del deseo*. Madrid: Ediciones Catedra, 2009. p.119-28.

pela lei. A orientação sexual é análoga à "deficiência" ou a uma "convicção política"?[2] Não sei dizer ao certo; talvez seja uma conexão entre os dois? Embora eu apoie lutas legais contra a discriminação sexual, pergunto-me o que aconteceria se tomássemos a ideia de "orientação sexual" como garantia no interior do discurso comum.

De maneira semelhante, o discurso dos direitos humanos que estabelece a sexualidade como um tipo de direito que o sujeito assume – ou que deve ser assumido – é um discurso que apela a noções de "livre expressão" e a ideias muito específicas do que é a livre expressão. A definição que procura proteger os direitos das pessoas que não são livres para expressar sua sexualidade acaba estabelecendo um ideal, se não uma norma, do que deveria ser a livre expressão da sexualidade. A prescrição de certas ideias culturais de "liberdade" que envolvem hipervisibilidade e discursos de "exterioridade" se torna, então, um modo de exportar e impor certas noções do primeiro mundo sobre as delimitações da liberdade. Mesmo que aceitemos a existência de domínios visíveis e audíveis de liberdade, isso deveria, ao menos idealmente, fornecer um ponto de partida para a pergunta acerca das práticas culturais de sexualidade e liberdade sexual que não se conformam a essas noções. A crítica de Joseph Massad ao movimento gay internacional em seu livro *Desiring Arabs*[3] é um exemplo disso. Como podemos ver, às

---

2 Ver Sedgwick, Eve Kosofsky. *Epistemology of the Closet.* Berkeley: University of California Press, 1990. (N. A.). Uma versão condensada do livro está traduzida em Sedgwick, Eve Kosofsky. Epistemologia do armário. Trad. Plínio Dentzien. *Cadernos Pagu*, n.28, 2007.

3 Massad, Joseph A. *Desiring Arabs.* Chicago: University of Chicago Press, 2007.

vezes as normas que deveriam nos "libertar" acabam por restringir a própria liberdade que supostamente resguardam. Em momentos como esses, devemos pensar que formas de limitação cultural nos impedem de questionar como as normas que algumas vezes funcionam em nome da liberdade podem se tornar veículos do imperialismo cultural e da falta de liberdade. Vimos essas inversões da função na ideia de que os Estados Unidos declararam guerra ao Afeganistão para liberar suas mulheres ("liberação" passa a ser outro nome para autorizar bombardeio), assim como na ideia de que Israel é impressionantemente democrático, um bastião dos direitos humanos, devido à intensificação do objetivo de fazer de Tel Aviv uma capital gay (em que a "exterioridade" da vida gay serve de instrumento para defletir a opressão dos palestinos sob ocupação, dos palestinos sem cidadania em Israel e daqueles em exílio forçado, apontando à presunção nefasta de que a Palestina é uma coextensão da homofobia).

AA: Isso certamente se liga à questão do crescente homonacionalismo no interior da organização global queer.[4] No contexto da gestão de migração, por exemplo, o Estado liberal legisla de modo a incorporar as subjetividades feministas e queer na corrente hegemônica do Estado-nação. Também considero muito importante o argumento de Leticia Sabsay de que a "orientação sexual" é bastante problemática, já que essa ideia funciona para designar uma disposição aos sujeitos e, assim, reproduzir um relato não relacional da sexualidade. Acho que precisamos romper com o dilema impossível: escolha *versus*

---

4 Ver também Puar, Jasbir. *Terrorist Assemblages: Homonationalism in Queer Times*. Durham, NC: Duke University Press, 2007. (N. A.)

não escolha, ou "crenças políticas" voluntárias *versus* "incapacidades" involuntárias. Em vez disso, devemos mapear de que maneira as configurações de sexo, gênero e sexualidade são incorporadas pelas políticas liberais e pelas agendas biopolíticas do Estado-nação e de que modo essas configurações talvez funcionem para desestabilizar e fazer oposição a elas.

Mas vamos tentar ponderar de que modo as conjunturas de sexo/gênero/sexualidade talvez estejam implicadas nas matrizes e processos de despossessão. No contexto da matriz heterossexual e do ideal fálico, ter *versus* não ter o falo o torna uma posse fixa, inalienável e própria da anatomia masculina. Essa possessão inalienável e autocontrolada impõe a ficção reguladora de uma materialidade pré-discursiva em sua origem. No entanto, essa área é, ao mesmo tempo, persistente e debatida. Como você desenvolveu em *Corpos que importam*, o falo se torna passível de expropriação e transferência por sua própria idealização como tropo da morfologia masculina; é possível se aproximar do falo, mas não se pode tê-lo. Seu significado, então, não passa pelo lugar estrutural de uma posse originária diante das fronteiras do sexo, e sim por uma espectralização tênue, desterritorializada e transitória. Na medida em que o falo é desfigurado em diferentes partes do corpo, coisas e acessórios que se assemelham ao corpo ou performances corporais, que ao mesmo tempo fazem referência ao ideal fálico masculino e o deslocam, todo o esquema de significação de "ter" é despossuído do lugar de imaginário hegemônico e de figura essencial do poder. Se o falo busca nomear certa unidade morfológica e estabilidade territorial, é o fracasso dessa nomeação que permite mimeses críticas provisórias, atravessando e transfigurando o binarismo "feminino" e "masculino". A desconstrução do "ter" normativo, no entanto, não implica necessariamente o gesto essencialista de inventar um "novo ter". Como você argumenta em *Corpos que importam*, "não precisamos de uma nova parte do corpo, por assim dizer, mas sim deslocar o simbólico hegemônico da diferença sexual (heterossexista) e oferecer, em uma perspectiva crítica, esquemas imaginários alternativos para constituir locais de prazer erógeno".[5] Assim, a mimese crítica não consiste em estabelecer uma nova materialidade fundacional como um problema de definição identitária; é, pelo contrário, a oportunidade contingente de uma repetição subversiva que dá novo uso à maleabilidade da norma e ao caráter ficcional de sua naturalização.

Essa formulação talvez nos permita mudar a maneira como a categorização sexual é enquadrada normativamente pelos pressupostos de uma posse autêntica e autoritária. Morfologias corpóreas contingentes, mutáveis, imitativas e criticamente despossuídas – que se põem fora de uma normatividade tomada como garantida – oferecem-nos modos de imaginar corpos sexuados que não se restringem a uma categorização sexual predicada por propriedades inerentes, mas, pelo contrário, sugerem práticas performativas de imitação que prescindem de um original. No entanto, gostaria de ouvir o que você tem a dizer a respeito de como você lê (ou como você reescreveria) tudo isso atualmente.

---

5 Butler, Judith. *Corpos que importam*. Trad. Veronica Daminelli e Daniel Yago Françoli. Revisão técnica Daniel Yago Françoli, Carla Rodrigues e Pedro Taam. São Paulo: n-1 Edições, 2019, p.163. [*Bodies That Matter: On the Discursive Limits of "Sex"*. London, New York: Routledge, 1993. p.91].

Despossessão

JB: É muito interessante acompanhar sua interpretação. Tenho certeza de que é uma excelente leitura, que abrange algumas ideias de *Corpos que importam*. Na medida em que leio suas observações, pergunto-me se ainda assino embaixo dessas ideias. Quer dizer, quem era essa pessoa que as defendeu? Vejo que você, em certa medida, parece estar de acordo com elas, ou pelo menos atribui essas ideias a minha pessoa – e fico muito contente por esse retorno –, mas não sei se ainda me reconheço nelas. É verdade que a alternância entre "ser" e "ter" que estrutura o discurso fálico de Lacan levanta a questão a respeito da propriedade, ou de ter a propriedade do corpo de uma pessoa, de considerar muitas "partes" como propriedades de uma pessoa. Mas existe a possibilidade de que "ter" o falo consista em ser *a pessoa* que tem o falo, e não que essa pessoa deva ser o falo para o outro. Nesse caso, o falo não é uma propriedade que qualquer um possa ter fora de uma relação imaginária. É preciso haver um outro, talvez um "tu" diante do qual qualquer pessoa possa "ter" o falo. Se ninguém é o falo, então ninguém o tem. Isso quer dizer que a relação entre aquisição e ter é frágil. E se Lacan está certo, e "não há relação sexual",[6] então ser e ter funcionam em modalidades diferentes, até mesmo incomensuráveis – por isso que uma relação sexual que não existe

---

6 Referência ao postulado lacaniano segundo o qual o desencontro e a incompletude marcam a experiência dos relacionamentos entre os sujeitos, lançando-os em um processo de busca permanente, movidos pela falta. É nesse seminário que o psicanalista retoma o problema da diferença sexual para estabelecer formas de gozo masculinas e femininas que serão debatidas incessantemente pelas teóricas feministas críticas das proposições lacanianas. Lacan, Jacques. *O seminário*, livro 20: *Mais, ainda*. Trad. M. D. Magno. Rio de Janeiro: Zahar, 1985.

é também uma comédia. Os dois exigem um ao outro, mas são, de alguma forma, permanentemente incompatíveis. Como muitas feministas das décadas de 1980 e 1990, perguntei-me se o pênis seria o fundamento anatômico e a prerrogativa para "ter" o falo. Os lacanianos responderam a essa questão, de maneira geral, dizendo que o "ter" pertence a uma ordem que não depende da anatomia. No entanto, como seria possível compreender essa ordem? Podemos ver, por exemplo, que certos esquemas interpretativos de gênero operaram na história da ciência ao determinar diferenças anatômicas e que esses esquemas mudaram com o passar do tempo. A própria determinação das partes anatômicas tem lugar por meio de um esquema interpretativo. Os debates sobre como determinar o sexo – ou, por exemplo, como estabelecer uma condição intersexual – dependem do modo como se desenha uma linha em torno do órgão sexual. De fato, parece-me que não existe órgão sem a delimitação de um órgão. Isso não quer dizer que a delimitação faz que o órgão venha a existir. Isso quer dizer apenas que qualquer órgão sexual que seja reconhecido como tal passou por um processo de delimitação e demarcação. Na medida em que qualquer delimitação se segue de uma prática de delimitação que é, em si, resultado histórico dessas práticas, parece correto afirmar que nossos órgãos sexuais se encontram saturados de interpretações históricas, mesmo quando os descobrimos e damos início ao que Freud chamou de investigações teóricas da infância.

No entanto, o discurso sobre os órgãos também passa pela "doação" e o "mercado" de órgãos e, mais importante, por sua remoção e aprimoramento. Esse discurso passa pela busca das pessoas transexuais por cirurgias de remoção ou construção

Despossessão

dos órgãos, assim como de mulheres que procuram a redução ou o aumento dos seios. Podemos apontar para muitos outros exemplos nos quais desejos sérios e urgentes de modificações morfológicas são negociados pela linguagem mercadológica da medicina. Não me alinho à ideia de que a tecnologia médica produz unilateralmente esses desejos nem à noção de que os indivíduos escolhem essas modificações de forma meramente consciente. Existem desejos e histórias muito poderosos que agem sobre nós à medida que procuramos, por nós mesmos, escrever a história do desejo e fazer surgirem formas corpóreas parcialmente dadas e parcialmente escritas. O "nós" que nos captura está precisamente aí, atuado, embora atuante, no nexo das demandas temporais do passado e do futuro.

É importante considerar o que talvez seja a concepção erótica de "estar juntos", "liberados" da heteronormatividade. É importante se ater a essa possibilidade, vinda de um se dar conta de que, a despeito do quanto a heteronormatividade pareça ser hegemônica, seu fracasso é tão evidente quanto sua manifestação. Afinal, a condição queer rompe a norma heterossexual na mesma medida em que se encontra fora da norma – de modo que é importante não postular um sistema totalizante e hermético. (Acredito que esse é um ponto crítico fundamental no trabalho de Eve Kosofsky Sedgwick quando ela chama atenção para a teoria da paranoia.)[7] Então, vejo-me pensando sobre a linguagem emancipatória da "liberação": de certo existe

---

7 Sedgwick, Eve Kosofsky. Paranoid Reading and Reparative Reading; or, You're so Paranoid You Probably Think This Essay Is about You. In: *Touching Feeling: Affect, Pedagogy, Performativity*. Durham, NC: Duke University Press, 2003. p.123-51.

alguma liberação — a liberação da possibilidade, a liberação do prazer. Será, no entanto, que a liberação sempre luta com e contra as forças da recuperação e da domesticação? Se a liberação se segue à sujeição, a libertação se segue à opressão? Não tenho certeza. Tenho a impressão de que a sexualidade sempre retorna aos vínculos dos quais procura se liberar, seguindo, talvez, um tipo de ritmo e temporalidade bastante diferente do que indica a maior parte dos esquemas emancipatórios.

5
(Trans)possessões, ou corpos além deles mesmos

AA: Ao rastrear a possibilidade de desprivilegiar ou reconfigurar o dispositivo normativo de "ter *versus* não ter" do gênero e da sexualidade, chegamos à aporia central da política do corpo: reivindicamos nossos corpos como próprios, embora reconheçamos que jamais podemos tê-los. Nossos corpos se encontram para além de si mesmos. Por meio de nossos corpos, implicamo-nos em processos sociais densos e intensificados de relacionalidade e interdependência; estamos expostos, desmembrados, entregues a outros e desfeitos pelas normas que regulam desejos, alianças sociais, relações de parentesco e condições de humanidade. Somos despossuídos pelos outros, mobilizados por e para os outros, passíveis de afetação e capazes de afetar outros. Somos despossuídos pelas normas, pelas proibições, pelas culpas, pelo autopatrulhamento e pela vergonha, mas também pelo amor e pelo desejo. Ao mesmo tempo, somos despossuídos pelos poderes normativos que organizam uma distribuição desigual de liberdades: os deslocamentos territoriais, a destruição de modos de vida, o racismo, a pobreza, a misoginia, a homofobia, a violência militar.

Judith Butler

Assim, uma de nossas muitas despossessões se dá pelas normas de sexo e gênero, que estão antes e para além de nosso alcance, apesar das reivindicações normalizadoras de esquemas corporais de propriedade originais e estáveis. Quando articulo *meu* gênero ou *minha* sexualidade, quando declaro o gênero ou a sexualidade que *tenho*, inscrevo-me em uma matriz de despossessão, condicionada por uma expropriação e uma afetividade relacionais. Mas essa ideia de que temos propriedade de nosso gênero de maneira não ambígua e inalienável tem uma especificidade histórica e cultural. Vale levar em conta, por exemplo, as descobertas de Marilyn Strathern sobre a Melanésia, pelas quais o gênero é figurado como transacional e mutável, mas também o trabalho de Henrietta Moore e outros relatos antropológicos que relativizaram as ideias ocidentais de gênero como formas de propriedade.[1]

A transgeneridade suspende algumas certezas de ter *versus* não ter que fundamentam a dialética clássica do reconhecimento como premissa dos campos de desejo e parentesco. A angústia em torno do objeto próprio da afetividade e do desejo tem um papel crucial sobre se posicionar e se desposicionar na cultura ocidental. No entanto, às vezes essa angústia normalizadora fracassa em sustentar a si mesma. Um exemplo é o filme *Strella* (Direção de Panos H. Koutras. Grécia, 2009), que poderia ser

---

1 Strathern, Marilyn. *O gênero da dádiva: problemas com as mulheres e problemas com a sociedade na Melanésia*. Trad. André Villalobos. Campinas: Editora da Unicamp, 2006 [*The Gender of the Gift: Problems with Women and Problems with Society in Melanesia*. Berkeley: University of California Press, 1988]. Ver também Moore, Henrietta. *The Subject of Anthropology: Gender, Symbolism and Psychoanalysis*. Cambridge: Polity Press, 2007. (N. A.)

lido como um rasgo no tecido da genealogia édipo-antigoniana diante da matriz epistemológica da posse e da (des)possessão. Para resumir o filme, uma pessoa trans trabalhadora sexual tem um caso com Yiorgos, um homem que luta para recomeçar sua vida (e "viver seu mito" em Atenas, de acordo com a campanha publicitária de 2004 da Organização Nacional de Turismo da Grécia).[2] Ao longo do filme, descobrimos que Yiorgos é pai de Strella. Ela passa a tornar seu corpo "próprio" ao abandonar as certezas generificadas e heteronormativas do parentesco e do amor edipiano. Seu corpo incorpora performaticamente o feminino: seu pênis é figurado como um lugar de transferência, espelhado e espectralizado, gerando a articulação de uma outra materialidade e afetividade corpórea. O falo nunca é uma mera posse.

Em *Strella*, a genealogia queer perturba e redefine as histórias dominantes de parentesco, nação, memória, desejo e aliança sexual. A cena cativante da revelação do segredo transgênero – uma cena que explora cinematograficamente luz e sombra, corpos e espectros – des-mitifica e re-mitifica um desejo por reconhecimento que desnuda os limites da representação e do apagamento, desafiando as estruturas elementares da inteligibilidade do parentesco. Na cena em que Strella se revela como trans para seu pai/amante, a Lei do Pai é deslocada, como se os dois amantes (pai masculino e criança transgênero) surgissem em uma ordem simbólica pós-edipiana, para além do que é herdado e deserdado pela genealogia, além da posse e da despossessão. Nessa cena, as muitas figuras de Édipo são encenadas: o infante abandonado e o soberano triunfante, autônomo

---

2 O roteiro do filme foi escrito entre 2004 e 2005. (N. A.)

e despossuído. Tanto Strella quanto Yiorgos estão coimplicados em um processo de rememorar e repossuir a historicidade traumática do desejo despossuído. Ela e ele reincorporam um ao outro; estão no lugar do outro e, ainda assim, estão deslocados. Strella reimagina a infância que sofreu; Yiorgos é convocado para, enfim, "ver", reconhecer o que não foi reconhecido, diante das dissociações e das despossessões que estavam adormecidas por tanto tempo.

Preciso acrescentar que, no mito, não só Édipo, mas também a Esfinge, a monstruosidade sub-humana sexualmente indeterminada, motivam os sujeitos a uma precária empreitada de autorrestituição. Ao habitar, ao mesmo tempo, animalidade e humanidade, masculinidade e feminilidade, a forma corpórea indeterminada da Esfinge desafia as categorias taxonômicas e ultrapassa a ordem inteligível da subjetividade corpórea. Essa besta alada — essa assassina em série —, sentada sobre uma enorme rocha, lançando um enigma a todos os passantes, devora quem não dá atenção ao discurso enigmático que "ela" lança, à convocação do estranho. A "oralidade perversa" da Esfinge instaura o lugar em que atua a associação entre o erotismo oral homossexual e sua humanidade primitiva (ou seja, canibal) — como na "fase oral ou canibal" freudiana. Assim que Édipo desvenda seu enigma ("Que animal anda com quatro pernas de manhã, duas ao meio-dia e três à tarde?")[3] com a resposta "O homem", ela voa sobre o mar e desaparece. A figura volátil da Esfinge deve cair antes que seja levada a atos de subversão; deve ser excedida antes que exceda a ordem estabelecida.

---

3 Sófocles. *A trilogia tebana*. Trad. Mário da Gama Kury. Rio de Janeiro: Jorge Zahar, 1998. p.97.

Despossessão

De fato, eu afirmaria que a Esfinge se manifesta, talvez, como uma personificação ambígua e hiperbólica de Antígona – a filha viril e incestuosa de Édipo que faz usos impróprios do nome próprio, que se opõe à inteligibilidade do *genos*.

JB: Um ponto muito importante!

AA: Então, em *Strella*, as estruturas fundacionais e universalizadas do parentesco são confundidas. O que está em jogo aqui não é apenas a inclusão de quem foi tornado estrangeiro ou considerado incapaz de estabelecer laços de parentesco, e sim uma ruptura com os termos do inteligível. Essa abertura da inteligibilidade do parentesco a uma contestação cultural escapa ao risco a que você se refere em "Querelas do tabu do incesto", de "rebaixar as alegações feitas sobre a prática incestuosa que claramente é traumática de formas desnecessárias e inaceitáveis".[4] Trata-se, na verdade, de abrir possibilidades de modos de vida que não têm lugar inteligível nas estruturas heteronormativas de parentesco. Essas possibilidades, que não contam com o reconhecimento legal do que é sancionado pelo Estado, envolvem contínuas mudanças nos termos normativos de gênero, das alianças sexuais, da relacionalidade e da parentalidade, assim como o que constitui a vida, o humano e a política em si. Essa abertura performatiza uma política perturbadora, contínua e insistente: perturbar o político, na medida em que o político opera nas camadas mais profundas e intrincadas da vida e do si mesmo. Uma abertura como essa, portanto, não se limita a um enquadramento liberal de tolerância calculável ou

---

4 Butler, Judith. Querelas do tabu do incesto. In: *Desfazendo gênero*. Trad. Petra Bastone. São Paulo: Editora Unesp, 2022. p.261 [Quandaries of the Incest Taboo. In: *Undoing Gender*. New York: Routledge, 2004. p.154].

a formas típicas e condescendentes de reconhecimento, cujo principal objetivo é estender um controle regulador sobre a inteligibilidade dos sujeitos.

JB: Acredito que Strella seja, talvez, uma das contribuições culturais mais relevantes dos últimos anos para pensar a respeito da edipalização no interior do parentesco queer e, também, dos desafios contemporâneos à compreensão da sexualidade e do parentesco. Esse filme é uma meditação sobre modos muito contemporâneos de viver e de amar que, no entanto, remetem-nos a normas tão antigas. Depois que Strella confessa a sua amiga, que está à beira da morte, o envolvimento com seu pai, que não sabia que ela era sua filha, a figura majestosa a adverte que ela não deve mexer com tabus tão antigos. Essa rainha queer se torna, paradoxalmente, uma espécie de Tirésias que vê o passado no presente e a futura catástrofe por não ouvir as lições do passado. Aqui, é claro, preparamo-nos para a "tragédia": esperamos a conclusão catastrófica que sucede uma paixão cega. Mas, na verdade, a paixão não é cega, e sim "cônscia", já que Strella sabe que o homem que se tornou seu amante é também seu pai. Strella, de fato, dá um novo significado ao título de Jane Gallop, *The Daughter's Seduction* [A sedução da filha]![5] Embora manifeste alguma relutância no começo (oferecendo salgadinhos para ele comer no lugar de seu corpo quando eles se encontram em uma cena erótica na cama de seu quarto de hotel), ela abre caminho para o desejo, rompendo com a "regra" da proibição do incesto e mantendo seu pai cego em relação ao tabu que está sendo ultrapassado. Por um lado,

---

5 Gallop, Jane. *The Daughter's Seduction: Feminism and Psychoanalysis*. Ithaca, NY: Cornell University Press, 1984.

podemos dizer que ela contesta as leis do incesto, entendidas como suporte para as instituições de parentesco, buscando recuperar e reivindicar o pai que ela perdeu tão cedo, quando foi preso. Realmente, o crime violento pelo qual seu pai pagou era um crime de paixão ciumenta em relação a um homem que ele acreditava estar se relacionando com seu filho. Quando Strella reaparece em sua vida como transgênero, ele não a reconhece como seu filho, de modo que sua cegueira é essencial para que ele ultrapasse o tabu. Ainda assim, temos de lidar com o fato de que a própria Strella é, e ao mesmo tempo não é, cega — ela vê quem é Yiorgos, sabe quem ele é e, de fato, garante que ele permaneça cego para poder perseguir sua paixão, reivindicando-o como seu amante. O que terminamos "vendo" é que, de certo modo, seu pai sempre foi seu amante, e algo dessa paixão anterior e constitutiva se torna literal no desenvolvimento do enredo, representado visualmente nas cenas em que fazem amor. O excurso da relação pai-filho impõe sobre os dois uma questão muito profunda. Embora o pai reaja com raiva quando toma conhecimento do que fez, ele começa a reconsiderar as regras que supostamente governam a sexualidade e o parentesco humanos e volta a Strella com uma proposta sexual, que ela recusa. Mas, quando recusa, não o faz em nome da Lei, e sim em um esforço para o manter, um esforço para não perder seu pai mais uma vez. De fato, o filme transborda o espectro de uma perda intransponível, que prova ser mais primária do que qualquer medo ou idealização da Lei. Embora tenhamos a expectativa de que o medo da perda suceda imediatamente a quebra do tabu (e isso acontece depois no filme), parece que, desde o início, o tabu já foi rompido e a recuperação do que se perdeu se mostra ainda mais primária.

Judith Butler

Surge aqui, então, algo que talvez seja mais fundamental que a Lei do Pai, mas somos levados a compreender a formulação do tabu do incesto entre pai e filho como uma maneira de designar a paixão homossexual no interior das estruturas elementares do parentesco. Strella tenta recuperar o pai perdido e, mesmo depois de quase destruir essa relação, tenta preservar um vínculo de qualquer maneira possível. Sua persistência não depende apenas da recuperação de um outro primário (embora a perda da mãe seja, enfaticamente, não marcada e não enlutada, o que talvez nos leve a entender por que Strella procura ascender ao lugar de amante: ela é, para o pai, seu homem, sua mulher e qualquer posição substituta possível).

É certo que alguns espectadores do filme prefeririam que ele terminasse no momento de uma catástrofe final inevitável, quando Strella anda pela rua perto da estação de metrô Sintagma desfeita em lágrimas, em uma lamentação aberta e pública que não parece encontrar nenhum fim, forçada à reconciliação de uma perda insuportável. Para esse público, a resolução trágica parece uma saída melhor do que a reconstituição familiar, mesmo que essa reconstituição se dê em uma modalidade de parentesco queer. Depois de um lapso temporal indeterminado, Strella convoca uma confraternização natalina queer: ela tem um novo amante, e seu pai também tem um novo amante; há o bebê de alguma pessoa e convidados estranhos e erráticos, ex-detentos. De um modo ou de outro, as pessoas que preferem que o filme termine antes dessa cena temem esse final, cheio de espírito natalino, de presentes e laços de parentesco e reconciliação — uma cena, enfim, normalizadora. No entanto, as pessoas que apreciam essa cena final entendem que o parentesco queer é sempre forjado a partir de laços entre ex-amantes, e embora Strella e Yiorgos tenham perdido um ao outro como amantes, continuam sendo uma família – não tanto como pai e filha, mas como ex-amantes. De fato, seria possível dizer, do ponto de vista da teoria psicanalítica, que o pai é o primeiro ex-amante, de modo que temos que incluir, entre "ex-amantes", aquelas pessoas com quem nunca transamos, mas com as quais desde sempre nos vinculamos por meio de paixões rudimentares. Se os membros da família são os primeiros objetos de amor dos quais somos forçados a abrir mão, então a família é formada, em sua origem e por definição, por ex-amantes. Se essa cena final é decididamente não trágica e talvez melancólica, é porque a tese exigida pelo tabu do incesto efetivamente está em disputa. Essa disputa não é um argumento a favor do incesto. Pelo contrário, ela chama atenção para a questão do modo como o tabu do incesto foi instrumentalizado para produzir um enquadramento heteronormativo da sexualidade e do parentesco. A única heterossexualidade desse filme é queer, e o único parentesco desse filme se constrói sobre a dizimação da família nuclear e de suas regras de autoconstituição. Então, de acordo com a segunda interpretação, que se aproxima da minha, o filme nos conduz pelo enredo trágico para questionar a solução trágica, já que essa conclusão sugere que os únicos modos inteligíveis de amor e sexualidade são aqueles que confirmam as estruturas elementares do parentesco e passam por seus tabus como ritos obrigatórios de iniciação. Embora tanto Strella quanto Yiorgos aceitem o tabu do incesto, isso só é verdade porque os dois compreendem que essa é a única forma de ter um ao outro. Eles não têm um ao outro pela negação da sexualidade, isto é, assumindo retrospectivamente a cegueira trágica, mas, na verdade, tornando-se ex-amantes, em uma situação na qual os dois terão sempre sido amantes, de maneira indisputável e irreversível — uma destilação de amor em um futuro perfeito.

6
A socialidade da autopoiese: respondendo à violência do reconhecimento

AA: No capítulo anterior, a discussão sobre o filme *Strella* trouxe algumas questões sobre o reconhecimento como um processo que é predicado (embora nunca plenamente restrito e totalizado) pela operação de normas particulares: normas que determinam se e como posso reconhecer o outro ou se e como posso ser reconhecida pelo outro mas, acima de tudo, normas que produzem o "eu" e o "outro" em uma relação de coconstituição reflexiva e projetiva. Seria interessante pensar como a dialética do reconhecimento, uma dialética definida por categorias identitárias, é potencialmente descentrada em momentos de autorreconhecimento e autodeterminação das pessoas que permanecem abjetas por normas hegemônicas de raça, gênero e sexo, mesmo que essas pessoas sejam, às vezes, "reconhecidas" ou "toleradas" pela razão formal liberal. Pergunto-me se o dispositivo de reconhecimento, especialmente em sua forma liberal (e existe alguma outra?), pode em algum momento ser desorganizado ou se ele trabalha infinitamente para englobar, julgar e comodificar a "diferença", despolitizando e legitimando a configuração diferencial dos sujeitos, da vida e do mundo.

Judith Butler

Para tornar essa questão um pouco mais concreta, gostaria de levar em conta a seguinte cena: quando um jornalista perguntou a Mina Orfanou, a atriz amadora que interpretou *Strella*, "Qual teria sido a coisa mais extrema que você já fez?", ela respondeu: "A mim mesma!".[1] Nessa declaração performativa de um "eu" que foi desfeito e refeito, o "eu" não é criado como um rascunho da alternativa liberal "vale-tudo", mas abre uma disposição melancólica para as singularidades múltiplas e não redutíveis do outro (si mesmo). Essa disposição é deixada para trás e, ao mesmo tempo, excede as tipologias ontoepistemológicas do "eu", criado por formas reconhecíveis e que de maneira heteronormativa generificam o "eu". Na medida em que a resposta de Orfanou remete às configurações de um "eu" que é autor de si e autoriza a si, as palavras "A mim mesma!" perturbam e repolitizam a tipologia liberal de um Eu dono de si, porque respondem e estão vinculadas a uma insinuação teratológica e nociva ("a coisa mais extrema que você já fez") da pergunta-interpelação "quem és tu?" ou, mais precisamente "*o que* tu és?". Ao redistribuir as normas que definem os termos de um "eu" reconhecível (e de uma vida vivível), *esse* "eu" que é "autor de si" desafia potencialmente o narcisismo da identidade normativa e institui uma socialidade distinta. O discurso normativo da exceção abjeta e julgada é formulado performativamente em uma autopoiese excepcional.

Parece que a economia do reconhecimento é potencial e provisoriamente desestabilizada nos casos em que o "eu" (que, sabemos, sempre está em uma socialidade e uma afetação relacionais) que luta pelo reconhecimento e pelo

---

1 *Eleftherotypia*, 25 jan. 2009.

Despossessão

autorreconhecimento não é reconhecido de maneira violenta, ou quando um humano idêntico a si o reconhece como infamiliar de forma radical ou extraordinária. Esse "eu", que surge em condições de alienação/despossessão — e não em uma condição de plenitude e possessão, de matrizes de pertencimento e copertencimento —, não é o acontecimento absoluto de uma identidade milagrosa e alter-ontológica, reduzido a um discurso regulatório de reconhecimento tolerável e inclusivo, mas, na verdade, uma ruptura contingente sobre a própria iterabilidade. Nessa ruptura, a posição soberana do "eu" como (auto) conhecedor é deslocada por uma convocação à responsividade e à respons-abilidade.[2]

---

2 *Responsibility, responsiveness e responsibilization* são três termos para os quais buscamos soluções que pudessem preservar as diferenças entre eles. *Responsibility* foi traduzido como "responsabilidade" e atende às definições mais comuns, como capacidade de responder por algo. Em muitas passagens, para enfatizar a capacidade e a habilidade de responder, Athena usa "response-ability", adicionando um hífen a fim de enfatizar a convocação à responder. Mantivemos o hífen para "respons-abilidade". Já para *responsiveness* estamos usando "responsividade", cuja origem filosófica está no vocabulário do filósofo Emmanuel Lévinas, do qual Butler se vale em diversas ocasiões. Essa responsividade de Lévinas foi o que o filósofo Jacques Derrida, referência comum às duas autoras, deslocou para a palavra "acolhimento", no contexto das suas elaborações a respeito da hospitalidade. Nessa solução, seguimos as escolhas de Rogério Bettoni em *Caminhos divergentes* (Boitempo, 2017) e de Fernanda Miguens em *Corpos em aliança* (Record, 2018), onde responsividade também foi traduzido como capacidade de resposta. Por fim, *responsibilization* é o termo usado por Butler para caracterizar o tipo de responsabilização moral imposta aos indivíduos no âmbito da lógica neoliberal, uma forma de fazer desaparecer a ausência de políticas públicas, de infraestrutura e de suporte material para lançar sobre o sujeito a responsabilização pelos seus próprios fracassos.

Judith Butler

A questão que procuro fazer aqui é se a autopoiese responsiva pode representar uma possibilidade desconstitutiva para o dispositivo de reconhecimento. Essa questão é um apelo a uma interpretação crítica da dialética do reconhecimento, uma interpretação que introduz certa inquietude ao problema e entra em conflito com a lógica governamental da tolerância, que busca governar e encerrar o domínio da subjetividade e da relacionalidade humanas de maneira ontológica e possessiva. Em outras palavras, não precisamos da criação de identidades tolerantes e toleradas, suscetíveis ao mercado do reconhecimento, e sim da desestabilização dos ideais regulatórios que constroem o horizonte dessa suscetibilidade.[3]

JB: Acho que convergimos aqui sobre um ponto muito importante articulado por Derrida, via Lévinas, de que a responsabilidade exige a responsividade. De fato, creio que muitas das disposições afetivas exigidas pela responsabilidade política – que incluem a raiva, a indignação, o desejo e a esperança – estão conectadas com o que se quer não só para si, mas também para os outros. Então, preciso perguntar se a autopoiese é propriamente uma categoria relacional. Ou, talvez, a maior questão seja: sob que condições a autopoiese se torna uma categoria relacional?

Talvez Foucault esclareça o fato de que a construção do "eu" tenha lugar no interior de um horizonte normativo, levando em conta que são justamente os ideais regulatórios

---

Também é usado por Wendy Brown no escopo do seu trabalho de crítica ao neoliberalismo.

3 Ver Brown, Wendy. *Regulating Aversion: Tolerance in the Age of Identity and Empire*. Princeton: Princeton University Press, 2006.

que determinam quem pode e quem não pode ser um sujeito inteligível. É por isso que, em "O que é a crítica?", ele faz referência à "coragem" como uma virtude que se assemelha à prática da crítica em si.[4] Nenhum de nós pode saber exatamente quem "somos" em regimes ontológicos contra os quais lutamos ou aos quais buscamos deslocar. Por exemplo, é possível que, conforme lutamos contra as categorias de gênero que asseguram as ideias contemporâneas de pessoalidade, já não saibamos exatamente como devemos ser nomeados. Em certo sentido, pode ser que estejamos compreendidos no interior de um modo de autoconstituição ou autopoiese que envolve um risco à inteligibilidade, impondo um problema de tradução e de vida cultural em uma relação crítica com as normas do inteligível. Acredito que podemos ver como a socialidade entra nessa equação de duas formas diferentes. Em primeiro lugar, as normas contra as quais lutamos são normas sociais e governam-nos, precisamente, como criaturas sociais. Em segundo lugar, se fazemos a nós mesmos, isso se dá com os outros, e apenas sob a condição de que existam formas de coletividade que lutam contra as normas de maneiras similares ou convergentes. Em outras palavras, não fazemos a nós mesmos como "indivíduos heroicos", e sim como criaturas sociais. E embora a "minha" luta e a "sua" luta não sejam as mesmas, existe

---

4 Foucault, Michel. What Is Critique? In: *The Politics of Truth*. Los Angeles: Semiotext(e), 1997. p.41-82. Embora esse texto não tenha sido editado no Brasil, indicamos a tradução disponível no "Espaço Michel Foucault", da UnB: O que é a crítica? [Crítica e Aufklärung]. Trad. Gabriela Lafetá Borges e revisão de Wanderson Flor do Nascimento. Disponível em: http://michel-foucault.weebly.com/uploads/1/3/2/1/13213792/critica.pdf. Acesso em: 18 set. 2024.

algum vínculo que pode e deve ser estabelecido para que algum de nós assuma os riscos que assumimos diante das normas que nos ameaçam pela ausência ou pelo excesso de inteligibilidade. O ponto não é instituir novas formas de inteligibilidade que se tornem base para o autorreconhecimento. Mas também não é celebrar a ausência de inteligibilidade como objetivo principal. O ponto é, de fato, mover-se para frente, de maneira estranha, na companhia de outros, em um movimento que exija, ao mesmo tempo, coragem e práticas críticas, uma forma de se relacionar com as normas e com os outros que não seja "estabelecida" em um novo regime. Esse seria, para mim, um caminho de abertura a novos modos de socialidade e liberdade. Isso não quer dizer que não exigimos reconhecimento; pelo contrário, quer dizer que o reconhecimento é sempre parcial e que nossa capacidade de praticar a liberdade criticamente depende justamente dessa parcialidade.

AA: Talvez uma leitura rápida faça uma distinção fácil entre a autopoiese "centrada em si mesmo" e a ética do reconhecimento "centrada no outro". Mas a autopoiese não é mais a respeito do "si mesmo" do que o reconhecimento é a respeito do "outro". A autopoiese não diz respeito apenas ao "si mesmo" — no sentido de um individualismo heroico autossuficiente ou a alternativa liberal "vale-tudo" —, mas surge como evento performativo em um processo em curso de autoformação socialmente regulada, no qual, sob diferentes circunstâncias, o "eu" luta no interior e contra as normas que o constituem; essas lutas só são travadas por meio e com os outros, de maneira que se abrem para outros (incluindo outros "eus"), "eus" que são deixados e que excedem as tipologias ontoepistemológicas do si próprio e proprietário. Eu diria que a autopoiese, assim como a ética de certa maneira, consiste na possibilidade pela qual o "eu" é despossuído de sua posição soberana para uma abertura em relação à alteridade. Se fazemos, desfazemos e refazemos a nós mesmos, esses processos só podem acontecer com e pelos outros. Nossa autopoiese tem lugar em um horizonte de ideais regulatórios que determinam quem pode e quem não pode ser um "eu" inteligível. Então, é com os outros que assumimos e, ao mesmo tempo, desfazemos as normas que nos ameaçam com o excesso ou a ausência de reconhecimento.

JB: Concordo com você que a autopoiese, como uma certa ética, pode ter implicação no deslocamento do sujeito soberano. Mas talvez possamos pensar na relação entre a autopoiese e a ética fora do enquadramento analógico. Minha interpretação de Foucault, por exemplo, é que o cuidado de si e a autocriação, de certa forma, são modos de autopoiese. Isso traz a questão sobre o que é a matéria sobre a qual ou com a qual funciona tal poiesis. Por um lado, como ele argumenta, isso diz respeito ao corpo. Mas, por outro lado, são evidentemente essas normas regulatórias — se não disciplinares — que se inserem na formação subjetiva anterior a qualquer questão de reflexividade. De certa forma, estamos falando sobre como um "eu" luta com e contra as normas que o formam e talvez estejamos rastreando o modo como certa formação do formado tem lugar. Se queremos distinguir o tipo de reflexividade que temos associado ao sujeito soberano — um tropo muito útil para nossa discussão —, então talvez seja possível compreender a reflexividade soberana como um movimento que parte e se direciona ao "eu" que não só procura retornar a si, mas também ter apoio em sua relação defensiva com a alteridade. Se estou certa aqui, então estamos convocando — lutando por — uma concepção de reflexividade em que o "eu" age sobre os termos de sua formação justamente para se abrir de alguma forma a uma socialidade que excede (e possivelmente antecede) a regulação social. Em outras palavras, a forma de reflexividade que busca desfazer a posição defensiva é aquela em que certa criação do "eu", ou um trabalho do "eu", busca reabrir ou manter aberta a relação com a alteridade. Então, essa forma de reflexividade busca resistir ao retorno ao "eu" em favor de uma realocação de si como um termo relacional. Em outras palavras, o Eu que trabalha sobre si, que cria a si, já é formado por relações e normas sociais que se encontram em uma constituição, ou seja, um processo, aberto à elaboração. A recusa do soberano à dependência, por exemplo, ainda consiste em uma relação com o outro ("recuso admitir minha dependência, essa não admissão é condição de mim mesmo, e até essa explicação que lhe ofereço não é e não pode ser explicitamente admitida"). Muito disso depende de como entendemos o Eu que cria a si, já que ele não é um sujeito pleno e agente que dá início a essa criação. Esse será um Eu que já foi criado, mas que é também levado a criar novamente sua condição de criatura. Assim, poderíamos pensar o Eu como um intervalo ou um revezamento em um processo em curso de criação social – certamente despossuído da condição de um poder originário.

No entanto, essa descrição se ampara demais em um modelo temporal de ressignificação. Você chamou minha atenção para as condições espaciais da despossessão e suas implicações na política.

AA: De fato, concordo que essa versão da performatividade se ampara e, ao mesmo tempo, desmantela potencialmente os modelos espaço-temporais de ressignificação. A própria questão

Despossessão

de uma agência iniciadora ou originária (uma agência que supostamente *precede* a regulação social) parece se tornar sugestivamente volátil nessa temporalidade instável e disjuntiva de recriação da condição da criatura – uma recriação em alguma medida já criada. Se pensamos a autopoiese como um "intervalo" ou como uma forma de "espaçamento" em um processo vigente de criação social, de ser socialmente criado, talvez possamos ver como esse intervalo não se reduz às formações territorializadas da identidade, de modo que prestemos atenção às complexidades da espacialidade e suas implicações sobre a performatividade. De fato, podemos rastrear as implicações espaciais e temporais na própria noção de despossessão. Mas acho que empregamos essas figurações – quer dizer, temporal e espacial – para entender os modos como "nós" somos chamados para fora de "nossas próprias" temporalidades e espacialidades, que se autorizam a si mesmas, e por modos de devir-uns--com-os-outros, modos supraindividuais que não estão em sintonia com os regimes de regulação social e os dispositivos identitários.

JB: Essa noção de ser chamado para fora de si é importante, um ponto que sem dúvida se articula de diferentes formas a Blanchot e Lévinas.

AA: Exatamente. O "eu" aqui não se refere a uma individualidade que tem uma lógica interna e contém a si, mas a disposições responsivas de um devir-uns-com-os-outros, que se manifestam, por exemplo, nos diversos afetos que nos levam à "disjunção" e para "além de nós mesmos", como a indignação, o desespero, a raiva e a esperança. Essas disposições afetivas são "apropriadas" não só por nós mesmos (se realmente podemos dizer que elas são "de alguém"), mas também pelos outros.

Judith Butler

Seja no sentido de uma relação não idêntica consigo mesmo ou no sentido da raiva e da paixão política, estar "fora de si" significa pertencer aos outros que, por assim dizer, estão por si mesmos "disjuntos" e descentrados, amarrados a normas que os excedem e os despossuem de muitas formas. Creio que essa perspectiva nos leva a questões atuais de como politizar a ética (que, sem dúvida, é sempre política), como tornar ética e política congruentes, como fazer da ética uma forma de abertura para novas formas de socialidade política. Como sabemos, e apesar de seus apelos insistentes à relacionalidade, a ética pode absorver e mesmo enaltecer a si mesma, como é o caso da razão filantrópica e humanitária — uma forma de ética moralista e desimplicada — e do universalismo moral — um verniz legitimador da política liberal humanitária. Para forjar um antídoto contra essas formas moralizadas da ética, talvez precisemos do que Ewa Ziarek chama de uma "ética do dissenso", um caminho alternativo tanto ao predicado liberal de um "eu" individualizado, contido em si mesmo e descorporificado, quanto ao comunitarismo normalizador e conservador.[5]

JB: Concordo que não é fácil traçar esse caminho da ética à política. Como você sabe, existem pessoas que acreditam que toda referência à ética é um deslocamento e/ou uma neutralização do político. E também existem pessoas que querem assegurar a autonomia da via ética, afastando-a da política. Mas tenho a impressão de que existem questões fundamentais que caracterizam a relacionalidade ética e que vemos essa articulação de

---

5 Ziarek, Ewa Plonowska. *An Ethics of Dissensus: Postmodernity, Feminism, and the Politics of Radical Democracy*. Stanford: Stanford University Press, 2001.

Despossessão

maneira muito relevante na leitura que Adriana Cavarero faz de Lévinas.[6] A pergunta "quem és tu?", por exemplo, pode ser feita nas circunstâncias mais pessoais e nas mais políticas. Claro, podemos dizer "Quem é você?" quando alguém está nos encarando ou quando somos invadidos de maneiras que são notoriamente indesejadas e injustas. Mas podemos chegar a essa pergunta a partir de um sentido imediato de deslocamento e até de espanto: "Eu pensava que sabia quem você era, mas não sei. Você poderia me dizer quem é?". Em um sentido levinasiano, a questão deve permanecer aberta, ou seja, deve continuar funcionando como uma solicitação, e não uma demanda por uma pronta resposta. De certa forma, então, a pergunta deve continuar aberta em si como uma pergunta que permanece na órbita da ética. Acho que podemos ver que essa pergunta atravessa os debates contemporâneos sobre multiculturalismo, imigração e racismo. É uma pergunta que muda de tom e de forma a depender do contexto político em que é mobilizada. Pode ser feita, por exemplo, a partir de uma posição de pretensa ignorância ("Você é tão diferente de mim que não consigo entender quem você é") ou pode ser formulada como um convite à escuta de algo inesperado, de modo que suas pressuposições políticas e culturais sejam revisadas, se não reviradas. As muitas referências ao "mundo árabe" ou o "mundo muçulmano" não apenas agem como se esse mundo existisse como uma entidade integral e plenamente conhecida, mas também assumem que todos

---

6 Cavarero, Adriana. *Vozes plurais: filosofia da expressão vocal.* Trad. Flavio Terrigno Barbeitas. Belo Horizonte: Editora UFMG, 2011 [*For More Than One Voice: Toward a Philosophy of Vocal Expression.* Trad. Paul A. Kottman. Stanford: Stanford University Press, 2005].

estão de acordo com o que ele é, ou que é possível afirmar um conjunto comum de afirmações culturais. Certamente existem razões éticas e políticas para responder à questão "quem és tu?" de modo a romper com essas afirmações. Mas pode ser que existam razões ainda mais fortes para que essa pergunta seja feita precisamente ao autodeclarado "Ocidente", por aqueles que operam como seu outro não conhecido. De fato, devemos e podemos considerar que essa pergunta surge a partir de dentro do "mundo árabe" e que se direciona àqueles que tentam o transformar em um tipo de monolito. A pergunta "Quem é você para construir meu mundo desse jeito?" significaria não apenas "Quem você pensa que é?", mas também "Como a articulação de sua posição cultural pode exigir a orientalização do mundo complexo em que vivo?". Tenho a impressão de que existem apostas éticas em cada um desses encontros políticos e que não se trata apenas de uma passagem do ético para o político, mas de um rastreamento das modalidades políticas em questões éticas fundamentais.

7
Reconhecimento e sobrevivência, ou sobrevivendo ao reconhecimento

AA: A questão fundamental "Quem tu és?" e suas camadas pessoais, políticas e éticas, com matizes afetivas de invasões, deslocamentos e até de espanto, como você disse, estão na base dos debates contemporâneos de reconhecimento. Acho que, de certo modo, estamos mais uma vez diante dos impasses e vicissitudes da ética liberal e da lógica de reconhecimento. O apelo discursivo liberal ao reconhecimento como marco regulatório e forma de gestão da alteridade se manifesta de maneira particularmente expressiva nos discursos liberais acerca do reconhecimento cultural. Elizabeth Povinelli, ao analisar o multiculturalismo capitalista a partir da perspectiva das populações indígenas australianas, introduziu a noção de "astúcia do reconhecimento" a fim de mostrar como as formas de reconhecimento legais, institucionais, discursivas e afetivas postas em ato no contexto do liberalismo multicultural contemporâneo reproduzem desigualdades nos regimes liberais de poder e nos imaginários de coesão nacional. Nesse caso em particular, no qual a formação ideológica nacional do multiculturalismo fundamentou um novo monoculturalismo nacional, os

101

sujeitos indígenas são convocados a performar uma autoidentidade autêntica da diferença cultural "tradicional" e pré-nacional ("contanto que não sejam tão repugnantes") como base para a reivindicação do título de nativos viáveis e felizes, em troca do reconhecimento da nação e da lei restaurativa do Estado.[1] Afinal, que "diferença" é essa tão amada pelo liberalismo, que tolera e incita o reconhecimento, não só perguntando, mas também respondendo – em nome dos sujeitos indígenas a que supostamente se direciona – "Quem és tu?" O que o Estado-nação está reconhecendo e o que deixa de reconhecer quando admite a diferença? O que se produz, o que se afirma e o que é violado? E, finalmente, como sobrevivemos ao reconhecimento liberal e suas reivindicações que, ao mesmo tempo, afirmam e ameaçam as vidas que buscamos garantir e proteger?

JB: Como sobreviver ao reconhecimento liberal é uma excelente questão. Mas pode ser que essa questão se ligue a outra: como sobrevivemos sem esse reconhecimento? Gayatri Chakravorty Spivak escreveu uma vez que o liberalismo é "aquilo que não podemos não querer",[2] e vejo-me voltando a esse "não podemos não querer" de tempos em tempos. Essa formulação sugere que o próprio querer é coagido por categorias sociais e políticas, o que quer dizer que tais categorias não são apenas objetos de desejo, mas também condições históricas para o desejo. Uma coisa é dizer que não posso não querer o liberalismo, por mais que deseje não querer, tratando o liberalismo

---

1 Povinelli, Elizabeth. *The Cunning of Recognition: Indigenous Alterities and the Making of Australian Multiculturalism*. Durham, NC: Duke University Press, 2002. p.108.

2 Spivak, Gayatri Chakravorty. *Outside in the Teaching Machine*. New York: Routledge, 1993. p.45-6.

Despossessão

como um objeto de que posso prescindir. Outra coisa é afirmar que sem o horizonte e os instrumentos liberais não é possível querer coisa nenhuma, afirmar que o que chamo de meu desejo está tão intrincado nessas categorias que, sem elas, eu talvez me veja sem desejo nenhum (e, portanto, não me veja de maneira geral).

Por exemplo, quando uma mulher estuprada procura os meios legais para que o crime seja julgado, essa mulher precisa atender à exigência de ser uma narradora confiável e um sujeito legítimo inscrito na lei. Assim, se a lei avalia que ela não é um sujeito legítimo, que sua reivindicação não tem valor e que seu discurso como um todo não tem valor, ela passa a ser efetivamente desconstituída como um sujeito por essa lei. É um momento, como qualquer um dos muitos momentos das políticas de imigração, em que a demanda de cumprir a norma que governa a aceitabilidade e a inteligibilidade do sujeito pode levar — e de fato leva — à desconstituição do sujeito pela própria lei. Isso quer dizer que não devemos recorrer à lei para julgar casos de estupro? Não, e talvez aqui a lei seja algo que não podemos não querer. Isso é particularmente verdadeiro nos casos em que essas leis não existem ou em lugares onde as leis que reconhecem o estupro como crime (incluindo o estupro marital) estão sendo instituídas. No entanto, quando se recorre à lei, há o risco de ser desfeito pela lei. E a luta por "se posicionar", por recuperar a "voz", torna-se uma luta que não pode ser travada de forma solitária, exigindo um amparo coletivo ou mesmo um movimento social. Quando isso acontece — e sabemos que não é sempre —, vemos a importância de fundamentar qualquer apelo à lei no interior de um movimento social que sustente uma relação crítica com ela (e os riscos de se tornar desconstituído e abjeto justamente pelos instrumentos liberais de que o sujeito precisa).

AA: Concordo. Minha pergunta sobre como sobreviver ao reconhecimento liberal importa apenas em virtude dessa formulação "não poder não querer" que se liga ao liberalismo! Já começamos aqui a pensar o reconhecimento junto à sobrevivência. Poderíamos fazer referência ao que Hegel chama de "luta por reconhecimento" (*Kampf um Anerkennung*) e, especialmente, às formas que essa luta pode assumir, dado que a não conformidade aos termos de reconhecimento estabelecidos levanta a questão da viabilidade da vida. Como uma teoria sobre a luta por reconhecimento precisa ser reformulada para poder abranger as relações de poder considerando, por um lado, a elegibilidade para o reconhecimento e, por outro, as normas que determinam se uma subjetividade humana é viável? Uma perspectiva convencional das políticas de reconhecimento tenderia a conceber os sujeitos como agentes humanos pré-existentes que exigem reconhecimento, ocultando de fato as relações de poder que estabelecem as condições prévias de quem conta e quem não conta – ou importa – como um sujeito humano viável e reconhecível. Foi Frantz Fanon, em sua perspectiva psicanalítica acerca do sentimento colonizado, e influenciado pela leitura de Alexandre Kojève sobre a dialética hegeliana do reconhecimento, que levou em conta a impossibilidade de reconhecimento no contexto colonial, especialmente em *Pele negra, máscaras brancas*.[3] O sujeito indígena e colonizado – como um

---

3 Para nossos propósitos, e considerando a tradição filosófica a que as autoras estão se referindo, em especial Emmanuel Lévinas e, antes dele, Martin Buber, optamos por "tu", o que nos levou a citar a tradução de

subproduto da condição, do conhecimento e da imaginação histórica e colonial – é absolutamente privado de qualquer tipo de reciprocidade exigida pela própria possibilidade de formular uma reivindicação política de reconhecimento. Então, seria preciso fazer certa alteração do "eu" para possibilitar a emancipação do colonizado sob a ordem colonial.

No que diz respeito à dependência da normatividade social, a relação entre reconhecimento e sobrevivência é intrinsecamente melancólica (sempre uma questão de sobreviver ao reconhecimento como "aquilo que não podemos não querer"). A sobrevivência é disposta e diferencialmente distribuída por operações normativas e normalizadoras de poder como o racismo, a pobreza, a heteronormatividade, o etnocentrismo e o reconhecimento cultural. A sobrevivência consiste na afirmação das perdas e das foraclusões que inauguram seu surgimento no mundo social e, ao mesmo tempo, na reelaboração das interpelações dolorosas que constituíram a condição para a sobrevivência e das quais sua existência depende.

O fracasso da perspectiva de reconhecimento liberal – geralmente celebrada como uma forma segura para a sobrevivência do sujeito resistente e que contempla (a promessa de) um reconhecimento pleno e último como a finalidade da política – consiste em não se questionar a respeito das condições para que haja reconhecimento. Será que tanto o reconhecimento quanto seus pressupostos de assimilação correspondem à vida

---

Renato da Silveira para a Editora da UFBA. É a essa edição que fazemos referência no corpo do texto. Indicamos, no entanto, a tradução atualizada: Fanon, Frantz. *Pele negra, máscaras brancas*. Trad. Sebastião Nascimento e Raquel Camargo. São Paulo: Ubu Editora, 2020 [*Black Skin, White Masks*. Trad. Constance Farrington. New York: Grove Press, 1994].

autodeterminada do sujeito ou à sua sobrevivência como mera vida nas matrizes de autodefinição fornecidas pela regulação do poder? Como os significantes políticos que distribuem e posicionam os sujeitos em termos de gênero, sexualidade, raça, etnicidade e classe podem manter sua contingência e abertura a possíveis e futuras rearticulações? Acredito que essas perguntas mantêm aberta a questão de como sobreviver ao reconhecimento e ao poder de regulação – mesmo que o reconhecimento seja uma premissa necessária e mesmo que sua forma liberal seja, de fato, aquilo que não podemos não querer.

JB: Reconhecimento, ao certo, não é exatamente o mesmo que autodefinição ou autodeterminação. Essa palavra designa uma situação de dependência fundamental em termos que nunca escolhemos, termos que nos permitem surgir como seres inteligíveis. Quando escreve a respeito de um menino que apontou o dedo para ele e gritou "Olha, um negro", Fanon nos dá um caminho para compreender a constituição social do sujeito, caminho que tem em si o poder e o risco da desconstituição. Então, se Fanon constitui a si em um mundo no qual a linguagem disponível para seu reconhecimento social faz dele um objeto de consumo visual, fascinante e degradado, ele desenvolve uma crítica aos esquemas contemporâneos de inteligibilidade que governam a constituição racial. O ponto não é reivindicar reconhecimento a qualquer custo, conformar--se aos esquemas de inteligibilidade tidos como agressivos, mas analisar o custo desse reconhecimento na luta por sobrevivência. Assim, Fanon rompe com essas categorias e anseia por um modo de endereçamento que não se sustente apenas na categorização social. No final de *Pele negra, máscaras brancas*, ele suplica ao próprio corpo, em uma espécie de prece, que o mostre outro caminho: "Ô meu corpo, faça sempre de mim um homem que questiona!".[4] Por que ele quereria ser alguém que questiona depois de ser agredido pelas interpelações racistas? Fanon parecia saber que corria o risco de se fechar em si mesmo, e a prece põe em ato e solicita um tipo de abertura que é, ao mesmo tempo, corpórea e consciente. Na linha anterior, ele postula uma nova coletividade: "Ao fim deste trabalho, gostaríamos que as pessoas sintam, como nós, a dimensão aberta da consciência".[5] Embora implore ao próprio corpo que faça dele alguém que questiona, Fanon afirma também a universalidade potencial dessa postura questionadora (que, portanto, se estende ao jovem menino branco que entrou nos rituais dos códigos racistas).

Esse endereçamento final ao "eu" (que encripta uma esperança universalizante) permanece talvez como um dos atos de fala mais revolucionários de Fanon. As condições ideais para um mundo humano só podem vir a existir por meio desse ato de recaptura e investigação de si por si mesmo. No entanto, esse modo de autoinvestigação, como abertura interrogativa que surge a partir dos recursos do próprio corpo, é ele mesmo o ideal, e não exatamente sua pré-condição: "Por que", Fanon pergunta, "simplesmente não tentar sensibilizar o outro, sentir o outro, revelar-me outro?".[6] Essa frase é feita na forma de uma pergunta, e parece que a autoinvestigação implica essa relação com o outro. Na linha seguinte, escreve: "Não conquistei

---

4 Fanon, Frantz. *Pele negra, máscaras brancas*. Trad. Renato da Silveira. Salvador: EDUFBA, 2008, p.191 [*Black Skin, White Masks*. Trad. Constance Farrington. New York: Grove Press, 1994, p.232.]

5 Ibid.

6 Ibid.

minha liberdade justamente para edificar o mundo do *Ti?*".[7] Não sabemos, a essa altura, se o "Ti" é o colonizador ou o colonizado, se ele está ou não à procura da relacionalidade.

O autoquestionamento não é só um momento interno, mas também um modo de se endereçar: *ô ti, ô meu corpo*. É tanto um apelo à vida corpórea de Fanon, à restauração do corpo como fundamento de agência, quanto um apelo ao outro, um endereçamento, de fato, um toque permitido pelo corpo e um corpo que, por razões complexas, compromete-se a encarar cada consciência como uma porta aberta. Se o corpo se abre para um "tu", essa abertura se dá de forma que o outro, por meios corpóreos, também se torna capaz de se endereçar a um "tu". O que está implícito nesses dois modos de endereçamento é a compreensão de que o corpo, pelo seu toque, não assegura apenas o endereçamento em direção ao outro que toco, mas também em direção a qualquer outro corpo. Parece haver aqui uma recorporificação do humanismo, que postula uma alternativa à violência ou, paradoxalmente, articula o ideal normativo por meio do qual tal humanismo luta (e que deve refutar para chegar a esse fim). Talvez Fanon dê aqui um exemplo da ideia de que *não pode haver invenção de si sem o "tu", e o "eu" se constitui justamente como um modo de endereçar que permite sua socialidade constitutiva.*

Assim, é interessante como a autodefinição — ou até mesmo a autodeterminação — é lida na forma interrogativa, forma como o próprio corpo de Fanon se torna um "tu" e, ao mesmo tempo, o mundo dos outros também se torna um "tu". Endereçar-se por meio dessa abertura e como essa abertura parece

---

7 Ibid.

Despossessão

ser mais uma forma de endereçamento para além da agressiva interpelação racista.

Sem dúvida, essa discussão tem implicações ainda maiores quando pensamos na maneira como os esquemas de inteligibilidade e as normas de reconhecimento se ligam às formas de poder biopolíticas e centradas no Estado. Em ambos os casos, o reconhecimento não é um bem em si, isento de ambiguidades, por mais desesperadas que estejamos por seus benefícios.

AA: O modo de endereçar de Fanon — *ô ti, ô meu corpo* — expressa um momento intensivo da reestruturação dos termos intercambiáveis entre corpos, acontecimentos e figurações espectrais, das palavras que ferem e dos poderes que enquadram nossa condição humana finita. Esse modo pode ser, em seu sentido ambivalente, tanto um autodeslocamento quanto uma orientação para o outro. Como você disse tão bem, se o corpo de Fanon se abre em direção a um "tu", ele o faz de forma que o outro corpo seja capaz de se endereçar igualmente ao tu. É justamente aí que se torna possível a agência, a resposta e o retorno linguísticos. Na cena contada por Fanon, quando o menino aponta o dedo para ele e grita "Olha, um negro", uma interpelação dolorosa é mitigada, reescrita e explorada como lugar de endereçamento e também como fundamento de agência. A força de interpelação para produzir um sujeito de medo, vergonha e repugnância é submetida a uma ressignificação e uma recorporificação radicais. No contexto dessa implicação necessária do corpo na linguagem, o ponto fundamental é que Fanon suplica ao próprio corpo, em sua persistência figurada, que faça dele alguém que questiona, mesmo — ou *especialmente* — na cena em que dramatiza os esquemas de inteligibilidade que governam e deixam sem endereçamento e sem questionamento a constituição racial e o (falso) reconhecimento.

Um dos maiores desafios que encaramos hoje, tanto teórica quanto politicamente, é pensar e promover uma política de reconhecimento que possa endereçar, questionar e desestabilizar a percepção comum do Estado e de outros dispositivos que monopolizam o poder como mecanismos naturais de reconhecimento. O que precisa ser feito para usar o espaço discursivo do Estado e de outros dispositivos normativos como articulações para versões alternativas de inteligibilidade? Existe alguma forma de reconhecer legal, cultural e afetivamente os sujeitos, as vidas e os laços não normativos? E seria possível ir além da propriedade normativa e da condição de propriedade excludente que governa as operações do reconhecimento liberal? Fazer perguntas como essas não significa exigir que o liberalismo abra seus horizontes de atuação e cumpra suas promessas e seus ideais, e sim permitir a possibilidade de expor as forças regulatórias que integram e sustentam esses ideais.

JB: Tudo isso depende da nossa habilidade de operar como sujeitos que podem instrumentalizar o poder do Estado sem serem subjugados a ele. Podemos selecionar e escolher o tipo de envolvimento que temos com o Estado? E até que ponto deve haver um modo de agência política desvinculado do poder do Estado, capaz de fazer intervenções críticas em seus domínios? Algumas pessoas acreditam que o casamento gay é um desses casos de uso instrumental do poder, mas a pergunta que permanece aberta, do meu ponto de vista, é se o esforço do ativismo em reivindicar os direitos do casamento gay não seria uma maneira de submissão ao poder regulador, uma forma de ser ainda mais plenamente regulado por suas normas.

Despossessão

AA: O risco que está em questão nesse caso tem relação com em que medida se assume o Estado como uma instituição regulatória que manipula os recursos de reconhecimento de maneiras que reforçam e normalizam os arranjos dados de desejo, sexualidade e relacionalidade. Se entendemos o Estado como um agente da razão pública que determina quem se qualifica como um sujeito de reconhecimento diante da lei, então a demanda inclusiva do casamento gay não é uma ação política, mas uma lógica de polícia (para usar os termos de Jacques Rancière).[8] Assim, como algumas pessoas diriam, estamos diante de um dilema. Sem assegurar o reconhecimento do Estado, as relações não heteronormativas são desrealizadas; fracassam na percepção e na imaginação de serem reais, justificadas e viáveis. O recurso ao Estado, por outro lado, aprimora as tecnologias liberais e as verdadeiras reivindicações de governamentalidade; consolida o poder da lei de nomear e inaugurar sujeitos, de atribuir reconhecimento, de demarcar inteligibilidade, de publicizar e normalizar o tipo de relacionalidade que importa. Então, em vez de um apelo por "nos deixar entrar", que geralmente reitera as convenções operacionais da lei, tornam-se possíveis outras formas de contestação da violência epistêmica que desestabilizam os poderes normalizadores da lei e do parentesco tidos como sempre heterossexuais. Seria possível perguntar aqui: em que medida os discursos regulatórios do Estado e da lei podem ser apropriados por estratégias

---

8 Rancière, Jacques. *O desentendimento: política e filosofia*. 2.ed. Trad. Angela Leite Lopes. São Paulo: Editora 34, 2018 [*Disagreement: Politics and Philosophy*. Trad. Julie Rose. Minneapolis: University of Minnesota Press, 2004].

radicais de ressignificação e subversão? Em que medida certas formas de engajamento com o Estado promovem lutas contra as normas hegemônicas de gênero, sexualidade, nacionalidade e raça? Por fim, a questão que permanece aberta é em que medida esses engajamentos críticos são vulneráveis às forças cooptadoras do reconhecimento liberal.

Pergunto-me se e como podemos pensar nessas questões sob o prisma de um direito que seja exercido mesmo quando, ou precisamente porque, esse direito não foi conferido e reconhecido, como aconteceu, em um contexto bastante diferente, quando os imigrantes cantaram nas ruas o hino nacional dos Estados Unidos em espanhol, em maio de 2006 em Los Angeles.[9]

JB: Seria possível pensar a respeito de um crime que se converte em reivindicação por direitos. Isso pode acontecer muito depressa, e vemos casos como esses nos Estados Unidos quando os mesmos imigrantes ameaçados de prisão e deportação se veem de repente no "caminho para a cidadania". Isso acontece de forma diferente daquela dos cidadãos já existentes que querem se casar com pessoas do mesmo gênero. Em alguns estados, os direitos de custódia dos pais sobre seus filhos chegaram a ser negados em casos de divórcio por eles serem gays, lésbicas ou bissexuais; e, no entanto, em alguns desses mesmos estados, os direitos de casamento gay já existentes parecem contestar as visões patologizantes e criminalizantes da homossexualidade nos casos familiares. Nesses casos, o "Estado" não é um único monolito, mas um

---

9 Butler, Judith; Spivak, Gayatri Chakravorty. *Quem canta o Estado-nação? Língua, política, pertencimento*. Trad. Vanderlei J. Zacchi e Sandra Goulart Almeida. Brasília: Editora UnB, 2018 [*Who Sings the Nation-State? Language, Politics, Belonging*. London: Seagull Books, 2007].

Despossessão

campo de tendências em conflito. Provavelmente deveríamos estar felizes com essa falta de conformidade e consistência, já que ela produz mais oportunidades de empregar a lei contra ela mesma. No entanto, seria sem dúvida um erro afirmar que todas as formas de resistência consistem em modos fugitivos de regulação e sinais de falta de liberdade. Temos de lutar por essas formas no campo legal e político, embora devamos lutar também contra o perigo de sermos totalizados por elas.

AA: Sim, concordo que não devemos taxar todas as reivindicações de reconhecimento como impossíveis, reacionárias ou ligadas irremediavelmente a normas regulatórias da política liberal. Na verdade, o ponto talvez seja mudar os termos do questionamento sobre por que algumas formas de vida e de relacionalidade são mais possíveis, imagináveis, passíveis de reconhecimento, pensáveis e vivíveis do que outras. Para mim, o dilema com que nos confrontamos é como trabalhar sobre as matrizes de reconhecimento de modo que não reproduza a manipulação, o julgamento, a tolerância e a governança liberais da diferença.

Acho que meu ceticismo (e não minha rejeição) a respeito das políticas de reconhecimento tem a ver com um ceticismo sobre a redução de todas as reivindicações políticas a reivindicações de reconhecimento. Creio estar, aqui, seguindo o argumento de Wendy Brown, que afirma que os movimentos que exigem aos oprimidos reconhecimento nos termos já existentes, notadamente baseados em injúrias às reivindicações identitárias, acabam apoiando e reforçando as próprias estruturas de dominação causadoras da injúria.[10] Na medida em que a

---

10 Brown, Wendy. *States of Injury: Power and Freedom in Late Modernity*. Princeton: Princeton University Press, 1995.

Judith Butler

política de identidade moderna se baseia em um sentido moralizante de injúria, causado pela exclusão do âmbito supostamente "benigno" e "protetor" do Estado liberal moderno, essa exclusão acaba sendo reinscrita na própria identidade prejudicada.[11] Mais uma vez, tenho a impressão de que o ponto dessa linha crítica não é rejeitar as políticas de identidade e todas as formas de reconhecimento *tout court*, e sim expor e perturbar os termos normativos que regulam e acomodam reivindicações fundadas sobre a identidade, reduzindo a política a reivindicações por reconhecimento.

JB: Creio que Brown se preocupa menos com as reivindicações dos oprimidos por reconhecimento do que com o modo como a própria injúria, dentro de certos enquadramentos políticos, passa a se tornar essencial para a identidade. Existe uma diferença entre, de um lado, pedir o reconhecimento da opressão a fim de superá-la e, de outro, reivindicar o reconhecimento de uma identidade que passa então a ser definida por sua injúria. O problema desse segundo caso é que isso inscreve a injúria na identidade, fazendo disso um pressuposto para a autorrepresentação política. Assim, a injúria não pode reaparecer como uma opressão a ser superada. A transição entre a ênfase na injúria e a ênfase na opressão permite que a categoria de identidade se torne histórica; esse enfoque sobre a política se dá menos em relação à proclamação e à exibição da identidade do que em relação à luta para superar condições sociais e econômicas

---

11 Da mesma forma, Patchen Markell argumenta que a conceitualização da socialidade e da identidade social em termos de reconhecimento recíproco fortalece as injustiças baseadas na identidade. Markell, Patchen. *Bound by Recognition*. Princeton: Princeton University Press, 2003. (N. A.)

mais amplas de opressão. Creio, no entanto, que você tem razão quando diz que o reconhecimento não é um propósito suficiente para a política se entendermos o reconhecimento como um conhecimento estático do que existe.[12] O reconhecimento deve, em si, ser uma categoria transformadora, ou deve ao menos operar de modo que torne o potencial de transformação um objetivo político. Talvez possamos dar alguns exemplos específicos de como o reconhecimento funciona?

AA: Seu argumento sobre o reconhecimento ser, em si, uma categoria transformadora é muito bem colocado. O reconhecimento não é uma categoria ontológica; ele funciona, na verdade, produzindo enquadramentos para a ontologia. Nesse sentido, a questão que surge é: que (trans)formações do político seriam necessárias para que o desejo não heteronormativo fosse reconhecido sem consolidar o desejo do Estado de normalizar o desejo em nome da proteção de identidades injuriadas? Querer fazer uso do reconhecimento sem atribuir às instituições que detêm o monopólio do poder o privilégio de fornecer as normas de reconhecibilidade e de conferir reconhecimento nos leva a um compromisso com o constante apelo pela invenção de novas formas de subjetividades políticas, em direção à transformação das condições que estabelecem o político. Então, sim, concordo com você que o reconhecimento

---

12 O reconhecimento (*Anerkennung*) é um tema decisivo no pensamento de Butler. Aqui, estamos enfatizando a diferença entre *recognition* e *acknowledgment*, associado à noção de freudiana de re-conhecimento (*Erkenntnis*) do objeto perdido. Para a tradução de *acknowledgment* temos escolhido "conhecimento", "saber" e "ter ciência", que orbitam em torno de uma ideia muito distinta de reconhecimento (*Anerkennung/recognition*) como admissão da existência presente no contexto da filosofia hegeliana.

deve ser, em si, uma força transformadora e até mesmo auto-desconstrutora. Também acho que essa questão apresenta um lugar urgente de trabalho para as políticas de esquerda e para os movimentos sociais em nossas condições contemporâneas, que devem considerar como convocar o reconhecimento sem perpetuar e intensificar os termos estabelecidos aos quais procuram se opor. Esse talvez seja um modo muito importante de o campo das políticas de esquerda democratas radicais se diferenciar do liberalismo — mesmo do liberalismo de esquerda. Acima de tudo, essa é uma questão que carrega implicações muito tangíveis de vida e morte no dia a dia de nossas vidas ordinárias, já que a promessa de reconhecimento geralmente é tida como uma forma segura de garantir e expandir a vivibilidade. Então, como certos esquemas de reconhecimento regulam a distribuição da vida e da morte?

JB: Gostaria perseguir essa questão sobre o reconhecimento e a possibilidade de vida. Concordo que a luta por reconhecimento está invariavelmente conectada à luta de vida e morte. De fato, na *Fenomenologia do espírito,* de Hegel, a luta de vida e morte não apenas faz surgir a luta por reconhecimento, como também permanece indispensável (é "preservada", no sentido hegeliano) no interior da luta por reconhecimento. Por outro lado, podemos ver que até mesmo a luta de vida e morte se estrutura pelo reconhecimento recíproco, que se torna a razão explícita pela qual a luta fracassa no esforço de superar as diferenças. Para nossos propósitos aqui, acho importante observar que as normas de reconhecimento estabelecidas carregam consequências materiais para quem é intensamente interpelado, para quem é apenas parcialmente interpelado ou mesmo para quem não é interpelado. Em outras palavras, se as normas prevalentes decidem

Despossessão

quem conta como humano ou como sujeito de direitos, podemos ver em que medida quem permanece não reconhecido está sujeito à precariedade. Assim, a distribuição diferencial das normas de reconhecimento implica diretamente na distribuição diferencial da precariedade. É claro que, algumas vezes, a persistência se encontra precisamente fora da operação das normas hegemônicas. Quando essas normas produzem criminalização ou patologização, pode ser que a perspectiva de vida surja justamente "fora" da norma, oposta à sua violência e por meios que passam despercebidos pelo radar dos regimes de reconhecimento. Se essas normas estabelecem um ser como uma pessoa cuja vida vale ser protegida e resguardada, um ser que é desde o princípio enlutável e cuja vida tem valor, então a precariedade pode ser minimizada por uma inclusão em um esquema de reconhecimento. No entanto, se esses esquemas também se baseiam na violência legal, se eles reservam o direito de matar ou de deixar morrer (e, assim, funcionam como modelos sobrepostos de soberania e governamentalidade), então, algumas vezes, as normas de reconhecimento põem a vida em risco, induzindo, como efeito, a precariedade. Quando avaliamos os esquemas de reconhecimento, precisamos perguntar quais as relações implícitas que tais esquemas mantêm com a distribuição da vida e da morte. Assim, não há como separar a luta de vida e morte da luta por reconhecimento. Essa é uma das razões pelas quais, nesses dois casos, há a palavra "luta", que inclui antagonismo, medo, paixão e incerteza.

AA: Estamos diante, então, do domínio difícil da relação entre reconhecimento e normatividade. O reconhecimento é um dispositivo que produz discursivamente sujeitos como humanos (ou não humanos, subumanos, menos que humanos), por meio de termos disciplinares e normativos como gênero, sexualidade, raça e classe. Quando uma vida que não figura como normativamente humana é violada, essa violação permanece não reconhecida, falsamente reconhecida ou reconhecida de maneira injuriosa, cujos termos permitem a violência da desrealização.

JB: Algumas vezes a violação é reconhecida, mas em termos que introduzem novos problemas. Esse é um dos debates centrais aos novos tribunais, como a Truth and Reconciliation Commission [Comissão de Verdade e Reconciliação], na África do Sul, e de outros processos legais que procuram oferecer alternativas a casos de acusação. Por um lado, confere-se reconhecimento sobre uma violação, mas apenas na medida em que a narrativa se conforma a certos padrões de relatos de vitimização. Ou, como é amplamente registrado, experimenta-se o processo legal como uma nova violação. Ou, ainda, a pessoa que procura narrar o sofrimento ou a violação pelo qual está passando é levada implicitamente a desistir da ideia de procurar restauração legal. Então, poderíamos dizer que o reconhecimento às vezes tem um custo, em certos casos um custo muito alto. Por outro lado, se não existissem quaisquer meios para o reconhecimento, isso também seria inaceitável.

AA: Sim, você tem um ponto muito importante aqui, que nos chama atenção para o significado da distinção entre justiça e direito (ou seja, instituições administrativas e burocráticas que instauram e mantêm as leis).[13] Acho que é crucial

---

13 Ver Derrida, Jacques. *Força de lei: o fundamento místico da autoridade*. Trad. Leyla Perrone-Moisés. São Paulo: Martins Fontes, 2007 [Force of Law: The Mystical Foundation of Authority. Trad. Mary Quaintance. *Cardozo Law Review*, v.11, n.5-6, p.921-1045, 1990].

Despossessão

considerar que o reconhecimento formal vem com a exigência de que o sujeito reconhecido se conforme a certos padrões de relatos de vitimização e modalidades despolitizadas de injúrias. Essa consideração é importante para muitos contextos atuais de governamentalidade humanitária, nos quais os discursos de "vitimização" são favorecidos por reivindicações e confrontações políticas. A questão que persiste, de certo modo, é como assumir e ter responsabilidade em relação a injúrias que aconteceram (incluindo aqueles feitos e envolvidos por certas formas de reconhecimento). E essa é uma questão que precisa persistir, em todas as suas aporias forçosas, sem ser convertida em uma reivindicação para uma forma liberal de reconhecimento e sem desaparecer em nome dos perigos, tensões e violência implicados nas políticas de reconhecimento. É por isso que voltamos, de novo e de novo, à questão da relacionalidade.

8
Relacionalidade como autodespossessão

AA: Nossa conversa sobre os limites e perigos do reconhecimento (você mencionou, por exemplo, "comissões de verdade e reconciliação" pós-conflitos) parece nos levar à questão bastante delicada da ética relacional e sua fundamentação sobre as articulações de conhecimento, testemunho, responsividade e responsabilidade. Parece que até aqui tentamos abordar a despossessão como o que engloba os modos como somos performativamente constituídos e desconstituídos nas e pelas relações com os outros que vivem conosco, como também nas e pelas normas regulatórias particulares que garantem inteligibilidade cultural. A despossessão, assim, implica nossa relacionalidade e nossos vínculos com os outros — em todas as suas sutis angústias e felicidades —, mas também tem implicação sobre nossa dependência estrutural das normas sociais, que não escolhemos nem controlamos. A despossessão envolve as maneiras diferentes e diferenciais como as ansiedades e felicidades da relacionalidade são socialmente distribuídas.

Partindo de seu interesse na ideia levinasiana de que somos invadidos pela alteridade, pergunto-me se seria possível pensar a despossessão e a autodespossessão ligadas entre si. Ser despossuído pelo outro (em outras palavras, estar disposto a ser desfeito em relação aos outros) é, ao mesmo tempo, uma fonte de angústia e uma oportunidade para "ser movido" — ser afetado e solicitado a agir —, certo? O "vínculo passional" do sujeito em relação ao poder regulador e produtivo se liga ao deslocamento do Eu autossuficiente como uma forma de despossessão. De maneira bastante significativa, você rastreou no próprio processo de dar conta do "eu",[1] precisamente nos

---

1 Desde *Giving Account of Oneself*, livro de Judith Butler publicado em 2005 e traduzido por Rogério Bettoni com o título *Relatar a si mesmo* (Autêntica, 2015), as discussões acerca da tradução mais adequada para os termos *account* e *accountability* envolveram pesquisadoras e pesquisadores da obra da autora. Trata-se, de fato, de termos bastante presentes nos livros de Butler, palavras polissêmicas cujos sentidos variam contextualmente e que, apesar disso, não deixam de ter relevância na recepção de sua filosofia no Brasil. Nossas decisões de tradução acompanharam as considerações da pesquisadora Ana Luiza Gussen, que aponta pelo menos dois sentidos fundamentais para o uso de *account*: em primeiro lugar, o de responsabilidade, ser responsabilizado ou prestar contas — sentido que confirmaria o uso no campo semântico da contabilidade, como uma espécie de registro contábil em relação ao qual alguém é convocado a se responsabilizar. Em segundo lugar, o sentido de contar a versão singular de um fato — uma narrativa, uma história ou a história própria à pessoa que é chamada a prestar contas sobre determinado acontecimento. Nesta tradução, buscamos enfatizar o sentido de prestar contas, dar conta, contabilizar, a fim de preservar o significante "responsabilidade" para o debate que as autoras estabelecem em torno de pelo menos três termos: responsabilidade, responsabilização (individual) e responsividade, tomado emprestado por Butler do léxico filosófico levinasiano. Gussen, Ana Luiza. *Bases para a proposição ético-política de Judith Butler*. 2023. Dissertação (Mestrado em Filosofia) — Instituto de Filosofia e Ciências Sociais. Orientação Carla Rodrigues. Universidade Federal do Rio de Janeiro, Rio de Janeiro, 2023.

Despossessão

momentos de desconhecimento, uma dimensão afirmativa — nomeadamente, a potência da autopoiese —, isto é, a narração do "eu", que assume a norma e potencialmente a desconstrói. Nesse contexto, Judith, você dialogou com Lévinas e Laplanche, especialmente sobre o modo como os dois conceitualizam a primazia do outro como um evento traumático que antecede a constituição do sujeito. A convergência entre os dois autores provavelmente para aqui, e não tenho certeza se sua visão se aproxima mais de Lévinas que de Laplanche. Você parece discordar da conceitualização levinasiana de que o endereçamento ao outro é acusativo/acusatório, e sua perspectiva provavelmente está em tensão com a afirmação de Lévinas da responsabilidade universal. Além disso, parece que você propõe uma radicalização da ética levinasiana quando sustenta que o encontro ético se organiza em e por meio de uma violência normativa que reduz certas formas de vida ao domínio do ininteligível, do indizível e do não vivível. De acordo com sua obra, os sujeitos humanos não são apenas suscetíveis e relacionáveis a outros sujeitos humanos, como é o caso do sujeito intersubjetivo hegeliano, mas também suscetíveis e relacionáveis com regimes de poder que regulam a intersubjetividade, definindo o que torna um sujeito legível, reconhecível e desejável.

Nesse contexto, sou assombrada pela questão de como podemos ser movidos *em direção* ao outro e *pelo* outro (assim como pelo mundo-vida do outro) para além da lógica da "condição de se apropriar" — com todos seus subtons de propriedade, prioridade e apropriação — quando o outro é constituído, em última instância, como alguém dispensável e transponível pelas formas e normas de governança. Além disso, a habilidade de reconhecer ou ter ciência da autodespossessão

Judith Butler

levaria necessariamente a um impedimento das violências da despossessão?

JB: Minha primeira resposta é que é possível reconhecer todos os tipos de dimensões da autodespossessão mesmo no momento em que se está submetido à violência, de modo que não sei se "conhecer" é uma arma muito eficaz contra a destruição por meios violentos. No entanto, eu diria que você está pensando sobre práticas de conhecimento ou modos de reconhecimento da autodespossessão materializados em uma forma de conduta ou de ação.

AA: Sim, estou pensando em práticas de conhecimento e de constatação dos limites epistêmicos em relação ao desconhecimento. Também tenho em mente que é preciso ter atenção às diferentes formas como se emprega o desconhecimento, assim como quando e por quem.

JB: Para mim, as noções de interdependência, exposição e precariedade funcionam como uma espécie de condição para pensar a respeito das formas de combate à supressão e ocupação violentas. Trata-se de uma condição entre muitas, e certamente ela não é suficiente. No entanto, essa condição é necessária em alguns momentos, e pode ser que, como teóricas, possamos contribuir para articular esses momentos.

Não tenho muita certeza de onde me encontro entre Lévinas e Laplanche. Procurei trazê-los juntos (contra a vontade deles) apenas para apontar que, para Lévinas, de uma forma primária, somos invadidos pela alteridade e que essa invasão nos define de partida como seres receptivos e relacionais. Laplanche fala da intrusão como um modo de pensar sobre uma teoria geral da sedução, fazendo uma contribuição bastante original a essa linha da teoria psicanalítica. Para ele, a própria ativação

Despossessão

das pulsões depende de ser afetado de partida por aqueles cujo toque e sonoridade produzem as primeiras e mais arrebatadoras instâncias do ambiente humano do mundo. Lévinas fala a respeito da "perseguição" como uma relação primária com o outro, o que em geral assusta, de forma bastante compreensível, a teoria psicanalista da relacionalidade. No entanto, o que Lévinas quer dizer com esse termo é que em princípio não temos nenhuma escolha do que virá a nos impressionar ou de como essa impressão será registrada e traduzida. Esses domínios de impressionabilidade e receptividade radicais são anteriores a qualquer tipo de escolha e deliberação. E não são característicos da infância ou de outra forma de experiência filosófica primária. Esses domínios reaparecem ao longo da vida como parte de uma sensibilidade não articulada. Talvez o mais importante seja que essa sensibilidade não é minha ou sua. Não se trata de uma posse, mas de um modo de se portar em relação ao outro, sempre já nas mãos do outro e, portanto, um modo de despossessão. Referir-se à "sensibilidade", nesse sentido, significa se referir a uma relação constitutiva com um fora sensório, um fora sem o qual nenhum de nós poderia sobreviver.

Embora Lévinas não tivesse interesse nas normas sociais contingentes, ele nos abriu um caminho para a compreensão de nós mesmos como "endereçados" por essas normas em um nível que não é plenamente consciente ou volitivo. E mesmo que, em sua obra tardia, Laplanche leve em conta as categorias de gênero e sexualidade, ele não pensa a respeito das implicações da designação de gênero como um tipo de interpelação primária, um tipo de "ruído" cultural que deve ser traduzido e compreendido, como raramente é. O que mais me interessa é pensar como os muitos vetores de poder, que incluem as normas sociais e os modos de discriminação de vidas enlutáveis, são registrados no nível da sensibilidade primária, estabelecendo-se apesar de nós, animando-nos e formando uma dimensão quase involuntária de nossas vidas somáticas. É muito estranho pensar em nós mesmos como capazes de responder a interpelações que mal entendemos, mas acredito que aí esteja o duplo gênio de Althusser e Kafka. Se temos a intenção de fazer "intervenções" nesse nível — o que você mesma identificou como uma forma de poder regulador que incide na formação do próprio sujeito —, temos de nos perguntar sobre as formas que o poder assume nos domínios quase involuntários da vida sexual e somática, além de questionar que tipo de intervenção se faz possível a partir desse lugar, nesse lugar.

9
Corpos incontáveis, performatividade incalculável

AA: Estou muito interessada no que você chamou de "dimensão quase involuntária de nossas vidas somáticas". As ontologias normativas do corpo trabalham para julgar, adjudicar e demarcar quais corpos importam. O corpo-na-história implica uma relação constitutiva — que inclui as forças de vulnerabilidade, exaustão, durabilidade, persistência e resistência — em relação às normas sociais que nos tornam inteligíveis ou ininteligíveis. Você nos convocou a pensar a materialidade dos corpos em processos de importância social regulados pelas ficções normativas e idealizadas do que conta como um corpo vivível. Em muitas formas de racismo e despossessão de terras, como também nas formas neoliberais de governança pautadas por análises de mercado, a importância social surge como um dispositivo que regula os processos contemporâneos de fazer viver e deixar morrer. Poderíamos repensar a importância social e a contabilidade dos corpos a partir dessas exigências.

JB: Sim, mas devemos ter cuidado com o que chamamos de "ficção" (algumas interpretações deixam esse termo passar): "ficção" procura sugerir certa forma de idealização historicamente eficaz. Não é exatamente uma "mentira" ou uma "ilusão"; é uma forma ideal materializada que passa a ter eficácia histórica.

AA: De fato, é sempre importante deixar isso claro. O ponto é que o gênero, por exemplo, assim como a sexualidade, não é uma verdade essencial derivada da materialidade do corpo, e sim a repetição de formas materializadas dentro de uma matriz reguladora que trabalha para produzir a aparência de substância. Também acho que o que é interessante nessas ficções reguladoras, ou nesses ideais reguladores, é que, apesar de tanto anseio por isso, ninguém pode realmente corporificá-los. O poder e a eficácia desses ideais se tornam mais significativos quanto mais se consolidam com o tempo para produzir — ou materializar — o efeito de uma substância como o fundamento "natural" da coerência da identidade. Assim, eles retêm uma posição complexa diante da materialidade corporal.

Seria interessante para nossos propósitos aqui olhar de perto para os modos como a teoria da vulnerabilidade corporal se engaja com a genealogia das lutas queer e feministas pela autodeterminação do corpo. A segunda onda do feminismo lutou pelo direito das mulheres de "possuírem" seus corpos, e continuamos, sem dúvida, a reivindicar esses direitos. O ativismo queer luta pelos direitos das pessoas lésbicas, gays, bissexuais, transexuais, intersexuais e queer pela integridade do corpo e a subsistência afetiva. Como, então, as ideias de vulnerabilidade corporal convergem com as estratégias de movimentos sociais e as reivindicações políticas por autonomia corporal e autodeterminação? Como lutamos pelo direito de ser e importar corporalmente quando nossos corpos são campos de batalha que nunca são simplesmente nossos — nunca estão inteiramente sob nosso controle individual? Meu argumento é que, para responder a essas perguntas, precisamos insistir nas políticas de performatividade: normas, nomes, signos, práticas e ficções reguladoras que podem ser invocados, novamente citados e desafiados de uma só vez. Então, a vulnerabilidade corporal permite (e não impede) reivindicações de autodeterminação, e devemos reivindicar os direitos pela integridade corporal mesmo quando nossos corpos não são simplesmente nossos.

Assim, parece que, em vez de uma mera contradição, está em cena uma ressonância muito poderosa dessas questões. O Eu articulado, reivindicado ou defendido pelas pessoas despossuídas de autodeterminação — aquelas que são constituídas como inapropriadas — carrega o fardo e a responsabilidade de genealogias injuriosas e injustas que acompanham suas aspirações por liberdade. A questão, portanto, não é como articular aspirações para a autodeterminação sem buscar recursos para a grande narrativa do indivíduo autossuficiente e autocontrolado, e sim como fazer isso dentro e contra essa grande narrativa normativa, como fazê-lo de forma crítica, diferenciada. Fazer a pergunta e responder à questão de como podemos ainda articular as aspirações normativas à autodeterminação política — levando em conta o caráter relacional, ekstático[1] e até

---

1 O termo deriva do grego *ekstasis*, literalmente "estar fora de si" (*ek*, "fora", e *stasis*, "ficar"). Nesse trecho, Athanasiou fala sobre essa condição em diálogo com a filosofia de Heidegger, que figura o *Dasein* como uma relação temporal no mundo que não é fixa e constantemente se projeta, por assim dizer, para fora de si. A esse respeito, ver *Ser e tempo*, §65, §68 e §69 (Heidegger, Martin. *Ser e tempo*. Trad. Marcia Sá Cavalcante Schuback. Petrópolis: Vozes, 2009). Nossa escolha de tradução

mesmo impróprio da subjetividade humana, mas também as foraclusões pelas quais esse caráter é distribuído e delimitado – significa se engajar com uma política da performatividade. Acredito que esse seja justamente o ponto do performativo no político: a luta com a norma, uma luta implicada no que procura contestar. Pode ser que não exista nenhuma luta política pela possibilidade de vida (e não por uma mera ou má sobrevivência) que não envolva a luta com e no interior das matrizes normativas que determinam quem merece uma vida vivível e de quem é a vida que conta.

JB: Sim, talvez possamos dizer que essa luta política está "no interior das e contra as" matrizes normativas que condicionam quem pode se tornar um "quem" no domínio do vivível. Em inglês, *to count* quer dizer, ao mesmo tempo, importar e estar sujeito a um cálculo aritmético. Isso pode, inclusive, ser estendido à categoria das "baixas civis" de uma guerra, especialmente em lugares como Gaza, onde a própria "contabilidade" das mortes de civis produziu uma crise legal. Seria possível pensar que o ato de contar está entre os procedimentos de ordenação mais simples e, no entanto, os números são extremamente controversos. Em condições em que cada integrante da população é considerado "inimigo", não há vítimas de balas perdidas. A baixa civil é efetivamente calculada nos limites do propósito de um instrumento de destruição militar. Em Israel, o grupo de direitos humanos B'Tselem foi acusado de traição por publicar o número de palestinos mortos na última guerra de Gaza

---

do termo – privilegiando a forma original em grego – acompanha a tradução de Marcia Sá Cavalcante Schuback e se estende, também, ao termo *stasis*.

Despossessão

(uma guerra que, de certa maneira, é perpétua). Então, devemos perguntar: sob que condições os números contam e sob que condições os números são incontáveis? A dualidade entre número e importância não nos abandona. Tenho a impressão de que não é possível calcular o valor da vida, mas precisamos encontrar uma maneira de interpretar os números que nos permita ver quem vive e quem morre em certos regimes políticos.

AA: Esse ponto é fundamental. Acredito que se trate, aqui, de perguntar como se pode fazer oposição ao cálculo regulador de baixas contáveis e memoráveis. Poderíamos também repensar a "contabilidade" nos regimes vigentes de gerenciamento, nos quais os corpos são medidos e avaliados em termos de lucro, acumulação, dívidas e da possibilidade de serem auditáveis. Mas, sem dúvida, questionar as normas de contabilidade representa uma oportunidade de rebeldia – uma oportunidade potencialmente subversiva na qual quem não conta demanda ser contado, quem é medido busca permanecer incomensurável. A "traição" no caso B'Tselem mostra que há potencial para "se contrapor" no interior do "contar". Isso pode ser uma forma como a performatividade tem lugar – no interior e contra – como um meio de se contrapor à precariedade.

JB: Sim, a performatividade tem lugar quando aqueles que não são contados provam ser reflexivos e começam a contar entre si, não apenas no sentido de enumerar quem são, mas de "aparecer" de alguma maneira, exercendo, assim, um "direito" (extralegal, é claro) de existir. Essas pessoas começam a importar. Podemos compreender isso de forma mais ampla como modo de produzir um sujeito político, de maneira que o sujeito é o efeito político de sua própria existência. O exercício do direito é algo que acontece no contexto de precariedade

Judith Butler

e toma forma como um exercício precário que procura superar sua própria precariedade. E mesmo que esse exercício não seja amparado por uma lei existente (leis que negam a cidadania, por exemplo), ele ainda é sustentado por condições extralegais, culturais, políticas e discursivas, traduções de outras lutas e modos de organização que não são nem sustentadas nem centradas no Estado. Dessa maneira, a performatividade funciona no interior da precariedade e contra sua distribuição diferencial. Ou, ainda, a performatividade nomeia um exercício não autorizado do direito de existir que empurra o precário à vida política.

AA: Seria útil perguntar, então, o que pode ser feito politicamente para que esses exercícios não autorizados e precários combatam sua própria precariedade. Para levar essa questão adiante — uma questão que se tornou absolutamente crucial em nossos tempos de governamentalidade neoliberal da dívida —, é preciso repensar a performatividade e a precariedade ligadas entre si. Essa concepção de política performativa, ao lado da política da precariedade, implica-nos em um duplo movimento capaz de perturbar performativamente o fundamento ontológico de normas, ao mesmo tempo que constata de maneira incessante as formas desiguais pelas quais a precariedade, como condição para a ontologia social, é diferencialmente distribuída.

JB: Tenho a impressão de que muitas das manifestações públicas que vemos hoje militam contra as condições induzidas de precariedade. E acredito que essas manifestações expressam a questão de como a performatividade opera como uma política atuada. Às vezes, uma política performativa procura trazer uma nova situação à existência ou procura mobilizar certo conjunto de efeitos, e isso pode acontecer pela linguagem e por outras formas de mídia. Quando os corpos se reúnem em assembleia sem um conjunto claro de demandas, podemos concluir que os corpos estão performando a demanda pelo fim de condições de precariedade induzida, condições que não são viváveis. Esses corpos performam as condições da vida em público – dormindo e vivendo naquele espaço, cuidado do ambiente e dos outros – e, ao mesmo tempo, dão exemplo de relações de igualdade que são precisamente aquelas que estão em falta nos domínios econômico e político. Além disso, as demandas não podem ser articuladas como um conjunto de fatores negociáveis, já que o ponto da manifestação é chamar atenção para a desigualdade estrutural e suas formações cada vez mais terríveis. Por último, parece que a demanda por justiça não pode ser satisfeita pela resolução de injustiças particulares, mesmo que a acumulação dessas soluções resulte em uma mudança estrutural. É claro, vemos nas formas de neoliberalismo a ideia de que a "responsabilidade" individual aumenta à medida que fracassam os serviços e infraestruturas sociais, o que sugere que o domínio da moralidade absorve e nos desvia da crise econômica e política. E mesmo que esse seja um uso bastante pernicioso da desigualdade, eu acho, como você, que a ética é uma coisa bastante diferente, que pode trazer um ponto de partida para a crítica da "responsabilização" neoliberal. Tenho a impressão de que a moralidade torna certas máximas e prescrições disponíveis, mas a relação ética consiste em uma forma de repensar e refazer a própria socialidade.

AA: Sim, "responsabilização" é certamente um ponto importante se considerarmos que a terapêutica social atualmente empregada pela governamentalidade neoliberal tem como premissa a moralidade do autogoverno, do individualismo possessivo e da culpa empresarial. É extremamente importante que façamos a distinção entre, por um lado, o cálculo corporativo e a "responsabilização" autointeressada, tão comuns nos processos de reestruturação neoliberal, e, por outro lado, a responsabilidade como uma disposição responsiva que torna possível uma política da transformação social que não se reduz a um mero cálculo de interesse.

10
Responsividade como responsabilidade

AA: No capítulo anterior, Judith, você mencionou a "responsabilização", e acho que sua formulação de que a performatividade funciona no interior da precariedade põe algumas questões a respeito do lugar da responsividade e da responsabilidade em nossas vidas ético-políticas. Como a capacidade de responder é flexionada, permitida e limitada pela precariedade? Como essa responsividade é condicionada por traumas de assujeitamento e de despossessão diferencialmente experienciados? A política da performatividade implica aceitar as mesmas relações de poder que contesta e das quais depende; essa política engloba "assumir a responsabilidade", por assim dizer, das configurações de poder nas quais e por meio das quais respondemos uns aos outros. Embora não possamos ter ou escolher as normas pelas quais existimos e conectamo-nos com os outros, assumimos, de certa forma, uma responsabilidade por sustentá-las, mesmo quando elas se mantêm abertas e contestáveis. A condição de despossessão – como estar exposto e disposto a outros, as experiências de perda e de luto ou a suscetibilidade às normas e violências que nos são indiferentes – consiste na fonte de nossa responsividade e responsabilidade com os outros. A performatividade, então, participa da precariedade. Ela funciona para atender às reivindicações da vida precária pela responsividade, entendida como uma disposição em relação aos outros. De fato, a "despossessão" — com todas as suas implicações de envolvimento afetivo, endereçamento, risco, felicidade, exposição e imprevisibilidade — é o que une performatividade e precariedade.

No entanto, a responsabilidade é, em si, uma cena de contestação política. Vamos considerar a responsabilização — o apelo à responsabilidade pessoal como uma fuga da responsabilidade social nos discursos de privatização empresarial neoliberal: não existem forças sociais, não há propósitos, lutas ou responsabilidades em comum, apenas riscos individuais, preocupações privadas e interesses próprios; tudo isso é individualmente calculável e imperceptivelmente autocontrolado. À medida que o público se torna objeto de desprezo, a noção de responsabilidade é empregada pelos discursos neoliberais em termos de responsabilização, sentimento de merecimento, interesse próprio e autopreservação, termos que excluem a vulnerabilidade. As pessoas que dependem de serviços sociais são, então, apresentadas como incompetentes, preguiçosas e, acima de tudo, irresponsáveis sem vergonha. Nesse contexto, a despossessão, se eliminada da responsabilidade social, é um fracasso no cálculo da soberania voluntária e do autocontrole.

Apesar de tais apropriações neoliberais da responsabilidade como um autocontrole não vulnerável e não responsivo — e em sentido contrário a essas apropriações —, parece que concordamos com o fato de que a disposição da responsividade, em suas maneiras contingentes e contestáveis, pode tornar possível uma

Despossessão

política da transformação social. A despossessão-como-disposição se torna, então, uma oportunidade para pensar sobre a questão da responsividade como responsabilidade: tomar responsabilidade pela própria posição no mundo e assumir a relacionalidade com os outros. Poderíamos considerar que tipos de espaços políticos permitem a abertura para situações em que nos encontramos afetados, desfeitos e vinculados pela convocação dos outros, para responder e para assumir uma responsabilidade. Em um mundo de socialidade diferencialmente compartilhada, se já estamos "fora de nós mesmos", além de nós mesmos, entregues e vinculados a outros, vinculados por reivindicações que surgem de fora ou do interior mais profundo de nós mesmos, nossa própria noção de responsabilidade exige esse sentido de despossessão como disposição, exposição e outrificação de si.[1]

JB: Sim, e como disse anteriormente, isso significa ter de distinguir entre responsabilidade e "responsabilização". Pode ser que, para algumas pessoas, a responsabilidade seja irrevogavelmente corrompida pela responsabilização — para mim, isso está errado.

AA: Você poderia explicar por que a responsabilidade não se resume aos dispositivos liberais e neoliberais do narcisismo moral e da governamentalidade empresarial?

---

1 O termo *self-othering* é usado para indicar a representação de determinados grupos como "outros", marginalizados, secundarizados, principalmente em contextos de racialização. Ainda não há uma forma estabelecida nas traduções brasileiras. Optamos por "outrificação de si" a fim de destacar a violência que participa desse processo, em que certas vidas são tornadas outras em relação a um único padrão normativo valorado na vida social.

Judith Butler

JB: A versão neoliberal prescreve a atitude empresarial e um *éthos* de valorização de si.[2] No entanto, há também a versão cristã, que enfatiza a necessidade de cuidado com os pobres, uma máxima moral que nunca questiona efetivamente por que, no final das contas, a pobreza tem que existir. Em outras palavras, no segundo caso (e Hegel faz esse argumento em seu ensaio sobre a "Lei Natural"),[3] se a máxima de prover para os pobres é considerada universal e fora do tempo, ela pressupõe a eternidade da pobreza, tornando-se, inclusive, um álibi para sua persistência. A solução para isso não é inverter a máxima — "danem-se os pobres!" —, mas provocar uma mudança em todo o problema da pobreza nos âmbitos socioeconômico e político, de modo a poder perguntar por que e como a pobreza aumenta em escalas tão alarmantes e como ela pode ser contestada.

Para mim, a questão da ética é sempre o problema de uma relação ética, ou seja, a questão do que me vincula ao outro e de que modo essa obrigação sugere que o "eu" está invariavelmente implicado no "nós". Então, se sou convocada a cuidar do outro, a resistir a uma condição social de desigualdade ou a fazer oposição a uma guerra ilegítima e a uma ocupação devastadora, essa questão não se limita a uma busca por um posicionamento próprio no interior de minha moralidade pessoal ou de minha disposição individual. Pelo contrário, é precisamente porque estou, desde sempre, implicada na vida dos

---

2 Ver Feher, Michel. Self-appreciation; or, The Aspirations of Human Capital. *Public Culture*, v.21, n.1, p.21-41, 2009. (N. A.)

3 Hegel, Georg Wilhelm Friedrich. *Natural Law: The Scientific Ways of Treating Natural Law, Its Place in Moral Philosophy, and Its Relation to the Positive Sciences of Law*. Trad. T. M. Knox. Philadelphia: University of Pennsylvania Press, 1975.

outros que o Eu já é social e deve dar início à sua ação e reflexão a partir do suposto de uma socialidade constitutiva. Esse campo comporta elementos antagônicos e incomensuráveis, mas negociar com esses elementos é justamente — se você me permite um tom hegeliano — a substância da ética. Acredito que a ideia de uma interdependência de vidas mutuamente implicadas entre si já estabelece um princípio de igualdade e de conexão. De certa forma, creio que essa interdependência, especialmente manifesta na forma de insurgências extraeleitorais da vontade popular, articula uma alternativa tanto às formas liberais e neoliberais de individualismo quanto às formas injustas e aceleradas de desigualdade (Wendy Brown). Assim, em minha visão, a ética não corresponde nem à moral nem à "responsabilização". E, se falarmos sobre a responsabilidade no contexto dessa ideia de ética, ela seria justamente o contraexemplo do narcisismo moral. Não aprimoro a mim mesma por meio de minha virtude quando ajo com responsabilidade, e sim abdico de mim mesma em relação à socialidade mais ampla na qual me incluo.

AA: Isso conduz essa conversa a um sentido de despossessão que caracteriza a condição política da vida precária: refugiados e apátridas, pessoas despossuídas de suas terras e de sua liberdade, despossuídas de seus modos de vida pela coerção militar e pela privação econômica; os *sans-papiers*; exército industrial de reserva; pessoas precarizadas e despossuídas por regimes de gênero e normatividade sexual. Será que a ético-política da vida precária pode representar um gesto de contraposição e deslocamento da violência opressora e dominadora? Será que a afecção de estar "para além de nós mesmos" (uma afecção que, como dissemos, é ao mesmo tempo constitutiva e diferencial, e de certo modo comum e incomum) funciona como recurso político para realizar modos novos e democráticos de ser-no-comum, em que se compartilha também certa impossibilidade de ser-no-comum?

Tenho a impressão de que os domínios da despossessão, da ética e da política não são (ou não deveriam ser) mutuamente excludentes. A responsabilidade ética com os outros passa por um engajamento crítico com as normas e recursos sociais que nos tornam, ou não nos tornam, disponíveis uns para os outros, seja de maneira alegre ou dolorosa. Passamos a responder às exigências uns dos outros exatamente por meio da estranha vulnerabilidade sobre nós mesmos, uns sobre os outros, e também sobre as matrizes que condicionam as relações uns com os outros. No entanto, as apropriações metapolíticas da moralidade e do moralismo de hoje em dia fazem persistir o problema de a ética poder ou não agir sem se reconciliar com os funcionamentos do poder. Então, agora, pela compreensão da responsividade-como-responsabilidade e da despossessão-como-disposição, podemos ter uma perspectiva melhor acerca da pergunta de como oferecemos um "eu" quando esse "eu" não nos pertence.

JB: Talvez isso seja exatamente o que podemos fazer e oferecer! Sem dúvida, temos de pôr esse problema na forma ética que você sugere: como oferecemos a nós mesmos? Isso é um tipo de decisão deliberada e reflexiva, resultado de uma análise de mundo relacionada às capacidades e aos poderes de cada um. Existe, no entanto, uma operação prévia de poder e de linguagem que estabelece essa questão ética. E seria possível dizer que estamos abertos ao mundo (ou, talvez, abertos no mundo) que antecede qualquer questão acerca da melhor maneira de se abrir para o mundo. Em outras palavras, não é justo que nos encontremos situados antes de qualquer questão sobre como melhor se situar. Pelo contrário, para nos tornarmos um Eu que questiona (a pergunta fanoniana em *Pele negra, máscaras brancas*), deve haver um conjunto de recursos corporais e linguísticos capazes de postular a questão. Em outras palavras, certas condições para minha capacidade de ser vivente e para minha capacidade de questionar já me abrem em um mundo anterior a qualquer questionamento de qual seria a melhor forma de me abrir. Isso se torna bastante evidente quando pensamos na situação de prisioneiros que precisam encontrar maneiras de afirmar a vida, manter a esperança, preservar formas de aliança e manter o desejo de persistir. Com muita frequência, as condições materiais trabalham justamente para minar esse tipo de desejo, qualquer tipo de abertura e de persistência. Então, em casos como esses, a questão ética de como se abrir ou como permanecer aberto é, ao mesmo tempo, uma questão de resistência e sobrevivência.

É muito difícil permanecer aberto quando o que vem até você representa uma agressão ao seu ser, e esse é o risco de permanecer como um ser suscetível e receptivo. Quando Fanon faz esse apelo ao próprio corpo, ele não apenas se identifica com a pessoa que faz o endereçamento, mas também estabelece a si, em um nível corporal, como receptivo.

AA: Certamente. É em virtude dessa suscetibilidade que um "eu" pode estar entregue. No entanto, todas as vezes que nos entregamos ou não nos entregamos, em uma temporalidade social de uma relacionalidade performativa, repetimos traumas que assombram nossa tentativa de endereçar e ser endereçado (enquanto, com esperança, carregamos a responsabilidade dessas repetições). Já que acrescentamos a performatividade a nossa perspectiva sobre a responsabilidade, vamos considerar o exemplo da relação de responsabilidade com a culpabilidade legal. Se existe sempre uma longa cadeia entre as declarações e interpelações injuriosas que antecedem um ato de fala racista ou sexista, então efetivamente há uma questão a respeito de quando e onde começaria a acusação desse ato de fala. O discurso jurídico da culpabilidade funciona para reciclar o potencial nocivo do ato de fala injurioso, à medida que minimiza a matriz de inteligibilidade que o tornou possível. Parece que há certa tensão entre as circunstâncias de injúria e as condições que organizam os termos da injúria, uma vez que essas circunstâncias estão coimplicadas nas temporalidades sociais de opressão.

JB: Sim, estamos diante de um dilema, porque não podemos dizer "não deem atenção ao ato racista — pensem, em vez disso, nas estruturas de racismo que tornam isso possível!". Esse tipo de pensamento poderia nos levar a uma forma de dualismo, que separa a estrutura de sua circunstância. O fato é que a estrutura exige circunstâncias como essas para se repetir, e é por esse motivo que um regime racista exige seus atos de racismo, seus discursos racistas, suas formas diárias de dominação e exclusão. Se tirarmos a estrutura do dia a dia, acabamos produzindo um mundo "invertido", em que o que acontece no nível da estrutura é mais importante do que aquilo que acontece no nível da circunstância. O mesmo acontece, como você sugeriu anteriormente, quando nos concentramos apenas nas circunstâncias, enfurecendo-nos infinita e recorrentemente contra elas, sem conseguir ver as estruturas políticas e institucionais que estão em jogo. É por isso que precisamos compreender as estruturas de uma maneira que seja, ao mesmo tempo, temporal e espacial.

Despossessão

É por isso que as circunstâncias que nos despertam raiva devem ser levadas a sério, mesmo que elas não sejam o referente único e exclusivo para a oposição e a análise política.

O momento da injúria serve, no entanto, como um exemplo das formas de opressão, e a mídia sem dúvida se concentra em momentos como esses e depende deles para torná-los exemplares. Pode ser que a agressão aos *hackers* no Cairo seja um exemplo de um regime injusto e da luta das pessoas que reivindicavam seu fim. No entanto, algo mais acontecia nas circunstâncias visuais: os corpos espancados também resistiram, alguns com sucesso, outros não. Então, o que vemos não é só a injúria, mas uma injuriabilidade que efetivamente se liga a uma forma de recusa física, e o que chamamos de resistência é de fato essa dualidade sustentada simultaneamente entre, por um lado, estar exposto e, por outro, recusar e resistir.[4]

AA: Sim, somos interpelados por e para a injuriabilidade, mas de formas e em direções radicalmente ambíguas, que às vezes fazem descarrilhar a "circunstância visual" da injúria e de seus mecanismos para estabelecer uma exemplaridade definitiva. A dualidade sustentada a que você se refere, a dualidade entre a injuriabilidade e a recusa física, faz-me pensar nos modos complexos, maleáveis e ambivalentes com que somos interpelados pela injuriabilidade. Poderíamos dizer que a interpelação é fundada nessa injuriabilidade. Ao dizer isso sobre as dinâmicas de contingência e resistência nas circunstâncias de injuriabilidade, podemos também falar a respeito da resistência como oposição à instrumentalização das configurações de

---

4 Ver nota anterior sobre a tradução de "condição precária" e de outros termos com o mesmo sufixo de "injuriabilidade".

injúrias. Por isso, gostaria de me voltar à questão do testemunho e da resposta à injuriabilidade.

A questão aqui talvez seja se é possível haver um modo de responder à demanda dos despossuídos sem que essa resposta venha a despossuí-los ainda mais. Pode ser que não exista um modo de responder à demanda sem interpelar quem faz essa demanda e sem ser interpelado por ele/ela, sem se apropriar dele/dela e sem nos deixar correr o risco de sermos apropriados por ele/ela. Como traçamos as correntes opostas da despossessão nessa troca? Será que precisamos, por assim dizer, estar "em casa" para receber essa convocação? Ou será que a própria convocação nos implica performativamente em modos imprevisíveis e não passíveis de antecipação da relacionalidade e de "estar em casa"? Então, a questão da responsividade e suas implicações nos atuais arranjos políticos é também como pensar a despossessão não apenas para além da lógica e da logística da posse individual de si, mas também para além da lógica e da logística humanitária de tomar posse do outro (em que "o outro" é uma denominação equivocada para aqueles que não têm nome próprio). Acredito que essa consideração crítica é importante para certos contextos de governamentalidade humanitária em voga, nos quais os discursos de "vitimização" (incluindo quem é contra a "vitimização") operam para apagar as vítimas e conciliar injustiças. Essa consideração também é importante para os contextos contemporâneos que entrelaçam violência, vulnerabilidade, aflição, estados de emergência, vitimização, reparação, benevolência e o sublime da empatia, que deram origem a formas novas, complexas e contraditórias de uma governamentalidade humanitária entre o governar e o não governar, incluindo o que Didier Fassin e Richard Rechtman chamam de "o império do trauma" e Mariella Pandolfi designa por "soberanias móveis".[5] Desse ponto de vista, é fundamental que pensemos sobre os modos como o evento traumático, a experiência e a narrativa podem ser recuperados, desnaturalizados e repolitizados.

Para tornar mais concreto o ponto sobre as tendências perturbadoras da vulnerabilidade, penso nos modos como a vulnerabilidade se torna uma norma de regulação da imigração e do asilo em muitos contextos contemporâneos do nacionalismo liberal. Na Grécia, por exemplo, as mulheres migrantes são levadas a performar uma autoidentidade "autêntica" de migração forçada e de vítimas do tráfico para se tornarem elegíveis à assistência estatal ou de organizações não governamentais. E, no contexto das políticas francesas de asilo, os "apelos humanitários" – feitos a partir de necessidade de assistência médica – são discursiva e institucionalmente privilegiados em relação às reivindicações políticas como um todo (reivindicações feitas por medo de perseguição, por exemplo).[6] Nesses dois exemplos empíricos, os discursos de vitimização e de caridade são favorecidos em relação aos discursos de reivindicações e de confrontos políticos. Nas políticas de imigração, a razão humanitária

---

5 Fassin, Didier; Rechtman, Richard. *The Empire of Trauma: An Inquiry into the Condition of Victimhood*. Princeton: Princeton University Press, 2009. Pandolfi, Mariella. L'industrie humanitaire. Une souveraineté mouvante et supracoloniale. *Multitudes*, n.3, p.97-105, 2000. Ver também Fassin, Didier; Pandolfi, Mariella (Eds.). *Contemporary States of Emergency: The Politics of Military and Humanitarian Interventions*. New York: Zone Books, 2010.

6 Ver Fassin, Didier; D'Halluin, Estelle. The truth from the body: medical certificates as ultimate evidence for asylum seekers. *American anthropologist*, v.107, n.4, p.597-608, 2005. (N. A.)

Judith Butler

objetifica e gerencia os imigrantes e refugiados como corpos feminizados, vitimizados e coagidos e também como corpos adoecidos e aflitos. Assim, emprega-se uma economia moral que obriga a compaixão e a vulnerabilidade como normas regulatórias de um humanismo liberal paternalista e sentimental.

Em alguns casos da virada ética do pensamento político nos últimos vinte anos, as configurações de injúrias parecem pôr em ato um humanismo melodramático, paternalista e sentimental que tipicamente se limita à formulação de reivindicações liberais moderadas. Ao mesmo tempo, uma biossocialidade conservadora de mal-estar e compaixão (como na palavra de ordem "conservadorismo compassivo" cunhada pelo Partido Republicano dos Estados Unidos)[7] torna-se central para o universalismo neoliberal e sua economia moral. Estou falando do que Lee Edelman, por exemplo, chamou de "compulsão pela compaixão".[8] Ao mesmo tempo, a década de 1990 foi tomada por certo desprezo retórico pela "vitimização", o que levou com bastante frequência a um ataque sarcástico do neoconservadorismo sobre o Estado de bem-estar social, no interior do qual certos sujeitos, como vítimas individualizadas e beneficiários da filantropia, podem ser (excepcionalmente) elegíveis à assistência. Os discursos contra a "vitimização", que fazem da "vítima" um modelo da patologia pública, dos defeitos culturais ou do fracasso individual, frequentemente são empregados

---

7 Ver Woodward, Kathleen. Calculating Compassion. In: Berlant, Lauren (Ed.). *Compassion: The Culture and Politics of an Emotion*. New York: Routledge, 2004. p.59-86. (N. A.)

8 Edelman, Lee. Compassion's Compulsion. In: Berlant, Lauren (Ed.). *Compassion: The Culture and Politics of an Emotion*. New York: Routledge, 2004. p.159-86.

para degradar e deslegitimar as reivindicações individuais e coletivas de injúrias e demandas por uma compensação e por um ajuste de contas. Podemos lembrar dos protestos feministas que, na década de 1970, bradavam "a culpa não é da vítima". Esses protestos são um exemplo de discurso que se opõe à posição antivítima. Também podemos considerar uma série de configurações discursivas que patologizam e culpabilizam as vítimas, como acontece nos discursos que atribuem a precariedade das condições econômicas de pessoas pobres a um tipo de deficiência ou incapacidade que decorre de suas personalidades.

JB: Ou de suas "famílias desestruturadas", ou da "ausência de uma autoridade paterna", como costuma ser o caso dos argumentos do Estado francês em relação aos conflitos civis nos subúrbios parisienses. Dito isso, não estou certa de que é possível seguir sem a linguagem da vitimização como um todo, já que existem formas de agressão e injúrias que têm efeitos devastadores. O problema vem à tona apenas quando o discurso da vitimização exclui a possibilidade de uma efetiva organização política ou de uma resistência ao que causou a injúria. Uma coisa é afirmar injustamente que uma pessoa provocou um ataque contra si mesma, criando, assim, a condição para o próprio sofrimento. Outra coisa bastante diferente é dizer que não pode haver nenhuma organização efetiva contra a agressão e o estupro, especialmente quando o estupro assume proporções sistêmicas. Algumas vezes, a linguagem da vitimização reforça a racionalidade de uma forma paternalista de poder (entendida como uma forma de oferecer "proteção"); outras vezes, pode levar a práticas organizadas de resistência. Então, temos que compreender em que direção funciona essa linguagem e a serviço de quem ela está.

AA: Concordo plenamente. Temos que nos assegurar sempre que a linguagem da vitimização opera em direção à injustiça, à desigualdade e à opressão. Como você mostrou, o papel da "vítima" foi estrategicamente apropriado pelos Estados Unidos no contexto do 11 de setembro para legitimar seus ataques militares contra o Afeganistão e o Iraque, mas também para impossibilitar a reflexão e o discurso crítico do público no país. A contestação que você faz à instrumentalização do termo "vítima" no interior do léxico do luto, no contexto da formação discursiva do Estado-nação, parece ter como premissa o convite a uma mudança necessária da narrativa do trauma em primeira pessoa – uma narrativa etnocêntrica, moralista e narcisicamente unilateral – para uma perspectiva em terceira pessoa, que compreende e é afetada pela vulnerabilidade dos outros.

JB: Talvez, mas pode ser que exista algo em relação a essa mudança entre primeira, segunda e terceira pessoa que faz parte da virada ético-política que você mencionou. Afinal, eu não sou a única que sofre e resiste, e sem o "tu" não posso conceber minha própria luta como uma luta política e social; sem ela ou ele, e mesmo sem um "nós", corro o risco de me tornar estritamente comunitarista, incluindo apenas as pessoas de grupos a que pertenço como dignas de consideração. Parece que é preciso fazer essa mudança para poder contemplar as reivindicações de identidade, éticas, comunitárias e de pertencimento global, sem deixar que nenhuma delas se sobreponha às outras.

AA: Então, seria possível perguntar: se a vulnerabilidade dos outros remete à nossa própria suscetibilidade em relação aos modos anteriores e atualmente violentos de *apropriação*, como poderíamos manter uma abertura responsiva aos futuros políticos da alteridade, aqui entendidos como um pré-requisito para a temporalidade e a espacialidade da política? Temos de pensar como figuramos a possibilidade de uma relação não apropriativa com quem sofreu com a despossessão. Além disso, será que essa "figuração" não seria, em si mesma, um ato de despossessão? Eu diria que é necessário correr esse risco. O que você acha?

JB: Será que você poderia dizer qual é sua compreensão de responsividade? O que diríamos a uma pessoa que argumenta que a responsividade é um conceito demasiadamente "indiscriminado" para nos fornecer normas éticas fortes sobre como e quando respondemos? E de que maneira essa possibilidade se liga a uma "relação não apropriativa com quem sofreu com a despossessão"? Será que esse "sofrer" está tão distante de nós mesmas? Será que estamos entre essas pessoas que sofreram, ou elas estão "por aí", como outras?

AA: Levo a sua questão em conta para postular, de maneira provocativa, a importância da comunidade ou, para dizer de outro modo, a questão da relacionalidade precária. Quem é, de fato, esse Eu que testemunha o "seu" sofrimento? Quem sou eu para testemunhar seu sofrimento ou quem sou eu para convocar uma resposta à injúria que sofri? E quem é você para testemunhar minha própria aflição? Seríamos meras espectadoras indiferentes das injúrias e da injuriabilidade sofridas pelos outros? Nesse sentido, gostaria de traçar formas de ir além das representações orgânicas de comunidade como uma entidade plena em que as pessoas compartilham coisas, seres, corpos e posses em comum (ou coisas, seres e corpos *como* posses em comum). Poderíamos pensar em comunidades sem erradicar a diferença e, com Jean-Luc Nancy, pensá-las como uma

Judith Butler

oportunidade para compartilhar justamente certa impossibilidade de ser-em-comum?[9]

Minha hesitação aqui diz respeito aos discursos da relacionalidade, da injuriabilidade, do testemunho e da justiça que se voltam ao "outro" como uma totalidade essencialista, demasiadamente inteligível e reconhecível, exatamente porque essa inteligibilidade seria, em si, a oportunidade de uma apropriação violenta. Sem dúvida, como você diz, não se trata apenas de ser chamado ou solicitado a responder, porque nos encontramos, por nós mesmos, entre aqueles que exigem responsividade. E somos "nós", de novo e de novo. A dificuldade da questão aqui consiste na implicação de certo ser-em-comum no domínio da relação entre relacionalidade e despossessão. Existe uma variedade de configurações para essa distinção: relacionalidade despossuída, despossessão como relacionalidade, relacionalidade como despossessão e assim por diante. Acho que, nesse domínio, "nós" estamos entre "eles", com "eles", na mesma medida em que "nós" estamos também, irrevogável e irresolutamente, sem "eles". Não existe sempre, como você formulou, um "por aí" – isto é, não existe sempre um processo de alteridade que tem lugar na esfera da despossessão?

Acredito que minha perplexidade tenha a ver com as convergências e divergências entre diferentes intensidades, modalidades, níveis e escalas de responsividade da despossessão. Quando, por exemplo, eu perco alguém, encontro-me perdendo

---

9 Nancy, Jean-Luc. *The Inoperative Community*. Ed. Peter Connor. Minneapolis: University of Minnesota Press, 1991. Ver também Nancy, Jean-Luc. *Being Singular Plural*. Trad. Robert Richardson e Anne O'Byrne. Stanford: Stanford University Press, 2000. (N. A.)

uma pessoa e, ao mesmo tempo, perdendo algo em mim mesma. Perco de maneira irreversível um vínculo fundamental para aquela que sou. Quem eu sou sem o "tu"? Quem eu sou depois de ti? Encontro-me despossuída a partir de uma relação de despossessão, despossuída de uma linguagem de endereçamento, despossuída da capacidade (e, talvez, do desejo) de te afetar e de ser afetada por ti. Essa situação me lembra particularmente o escravo do texto de Hegel, como também sua condição tênue e expropriável: reconheço a mim na condição de não ser eu mesma, de ser despossuída de mim mesma.

Sem dúvida, nossa relacionalidade perdida não inclui apenas "tu" e "eu" como indivíduos distintos e autônomos, e o luto nos implica em um sentido de comunidade (se não de total inclusão). E é absolutamente verdadeiro o fato de que um vínculo interpessoal quebrado pode nos privar de um sentido ontológico de viabilidade e durabilidade. Será que podemos extrapolar essa relacionalidade interpessoal perdida em outros modos de relacionalidade quando, por exemplo, perdemos um lugar, uma comunidade ou nossos modos de vida? Não tenho certeza. Esse é um terreno muito complexo. Talvez um caminho para tocar a questão da relacionalidade e da despossessão seja tentar deixar espaço para exigências da relacionalidade ekstática e do acontecimento do agonismo social enquanto nos afastamos da introdução de uma ontologia metafísica da vulnerabilidade no corpo humano. Acredito, no entanto, que seu trabalho já chamou nossa atenção para isso. Você mostrou, por exemplo, que o que está em questão na respons-abilidade relativa à vulnerabilidade e à precariedade humanas não é a ampliação das presunções estabelecidas do humano (que seguem a tradição dos modos de multiculturalismo liberais e pluralistas vigentes no século XX), e sim, nos seus termos, uma "insurreição no nível da ontologia",[10] ou seja, o constante questionamento das condições em que o humano é determinado por regimes normativos e normalizadores em termos de gênero, sexualidade, raça, nacionalidade e classe. Esse é, de fato, um projeto teórico-político que excede e ressignifica criticamente o escopo do humanismo liberal e de suas tecnologias que determinam a distribuição de direitos, recursos e subsistência. Uma "insurreição no nível da ontologia" parece ser bastante diferente de uma ontologia inclusiva, especialmente se considerarmos a ideia de que uma ontologia tolerante e inclusiva pode funcionar como uma forma oposta de exclusão. Wendy Brown desenvolveu esse argumento de maneira brilhante em seu trabalho sobre a tolerância (sexual, cultural, racial) da diferença como uma técnica governamental de regular a aversão e gerir os limites do tolerável.[11]

Se entendi bem, Judith, sua ideia de "vida precária" procura sugerir uma forma de politizar a ontologia social, uma ontologia que não toma de antemão quem conta e quem não conta como humano. Esse gesto de politização, que se dá por meio de uma "insurreição no nível da ontologia", parece crucial para os trabalhos teóricos e políticos contemporâneos. A política radical não precisa (ou não deveria precisar) estar ligada a fundamentos e presunções ontológicas. Por mais que essa política se apoie e esteja baseada em pressupostos ontológicos, ela

---

10 Butler, Judith. *Vida precária: os poderes do luto e da violência*. Trad. Andreas Lieber. Rev. técnica Carla Rodrigues. Belo Horizonte: Autêntica, 2019. p.54 [*Precarious Life: The Powers of Mourning and Violence*. London: Verso, 2004. p.33].

11 Brown, Wendy. *Regulating Aversion: Tolerance in the Age of Identity and Empire*. Princeton: Princeton University Press, 2006.

também se preocupa em desfazer seus próprios quadros ontológicos, problematizando a relação entre ontologia e política. Poderíamos, aqui, invocar Foucault, que mostrou que a ordem ontológica das coisas é, em si, um efeito naturalizado das configurações políticas. Parece que a política radical de hoje em dia está diante do desafio de se engajar com um certo tensionamento entre a "afirmação" e a "desconstrução".

JB: Acredito que quando, em *Força de lei*, Derrida se voltou ao ensaio "Para a crítica da violência", de Walter Benjamin,[12] ele tentou justamente confundir essa distinção. E embora não concorde plenamente com a interpretação de Derrida, acho que existe algo importante na ideia de que "impor a lei" pode ser um exercício de afirmação, um exercício de caráter performativo. Na medida em que a "performatividade" expõe a normatividade de certos tipos de reivindicações descritivas, ela também fornece uma maneira de pensar sobre como algo novo pode vir à existência por meio da linguagem. Mais especificamente, a performatividade fornece uma maneira de pensar como um discurso novo pode surgir precisamente onde não encontrava legitimidade. Acredito que esse seja um ponto de partida muito importante para certas versões seja do ato de fala, seja para a performatividade de maneira mais geral, que assume que ela só pode "funcionar", ou seja, ser efetiva, sob a condição de que as convenções de poder estabelecidas permaneçam em seus lugares, independentemente do fato de serem ativamente

---

12 Cf. Derrida, Jacques. *Força de lei: o fundamento místico da autoridade*. Trad. Leyla Perrone-Moisés. São Paulo: Martins Fontes, 2007. Ver também Benjamin, Walter. Para a crítica da violência. In: *Escritos sobre mito e linguagem*. São Paulo: Editora 34, 2011.

contestadas. E, no entanto, quando as pessoas sem documento reivindicam seus direitos em público, ou quando manifestações contra as medidas de austeridade mais amplas surgem nas capitais europeias, os grupos de corpos daqueles cujo discurso e ação não podem ser separados entre si entram em conjunção com as convenções estabelecidas e as reinstituem de novas formas e com novos propósitos. Não estou afirmando que essas manifestações são radicalmente novas no sentido de que elas não têm precedentes. Esses precedentes podem existir, mas não têm autorização legal. De fato, existem precedentes para se opor a regimes legais fascistas ou corruptos que, por definição, não estavam fundamentados em nenhum direito ao protesto, e existe uma história muito ampla e mobilizadora desses protestos. Seria possível dizer: o performativo surge justamente como um poder precário específico – não autorizado por regimes legais existentes, abandonado pela própria lei – para demandar o fim de sua precariedade.

AA: Acredito, então, que pode ser que sua noção de precariedade implique a questão constante e sem resolução de que a despossessão, que priva certas vidas e certos desejos de seu sentido de viabilidade e durabilidade ontológica, torna imperativo o recurso teórico à ontologia e às condições/pré-condições ontológicas de pertencimento e despossessão. No entanto, dado que o objetivo dessa busca teórico-política, que envolve e implica uma "insurreição no nível da ontologia", não consiste em uma reafirmação do humanismo liberal, você talvez queira explicar sua referência recente à obra de Arendt (em vez de, digamos, Adorno e/ou Foucault). Digo isso porque a obra de Arendt pode ser considerada, de certa maneira, como um pensamento típico do humanismo liberal.

Despossessão

JB: Espero continuar fazendo referência a Adorno e Foucault por bastante tempo, e minha referência recente a Arendt não pretende anunciar que "agora sou arendtiana!". O que assimilo na obra dela é a noção de que talvez existam formas de agência políticas, que devemos chamar de "ação", que exigem um "eu" concebido de maneira plural. Esse "eu" não está dividido internamente em partes distintas e vem à existência – e só pode vir a existir – no contexto da relação com os outros, de forma que está "localizado" justamente na e como uma relação consigo mesmo. Essa parece, pelo menos, ser uma versão da perspectiva de Arendt, cujos esforços são de criticar a soberania política e fornecer uma versão plural e "federada" da política. Gostaria de sugerir que há também uma "federação" do "eu", e que isso constitui uma maneira específica de pensar a respeito do sujeito em relação. Mas, além disso, interesso-me pela forma como ela delineia o domínio do que não é passível de "escolha" na vida e na socialidade, já que qualquer "ação" possível (e sua valoração) é condicionada por um domínio não escolhido. Ela se dedica a essa questão no livro *Eichmann em Jerusalém*, em que argumenta que Eichmann e seus correligionários estavam enganados ao pensar que poderiam escolher com quem dividiriam a Terra.[13] Embora possamos e façamos escolhas em relação à pessoa com quem dividimos nossa cama, nossa casa e, às vezes, nossa vizinhança, não é possível escolher com quem dividimos a Terra sem desandar para o genocídio. Para Arendt, a interdição contra o genocídio é uma consequência do valor normativo que deriva do caráter de não escolha da coabitação terrena.

---

13 Arendt, Hannah. *Eichmann em Jerusalém*. Trad. José Rubens Siqueira. São Paulo: Companhia das Letras, 1999 [*Eichmann in Jerusalem: A Report on the Banality of Evil*. New York: Viking Press, 1963].

Isso significa que temos obrigações no sentido de preservar a vida dos outros, independentemente do fato de termos contratualmente concordado ou não com a preservação dessas vidas. Se uma exigência normativa de recusa ao genocídio deriva do caráter de não escolha da coabitação, devemos então aceitar e preservar essa dimensão não escolhida de nossas vidas, dando conta de que qualquer ação tomada por nós deverá ser limitada pelas normas formadas por essa condição de não escolha. Sem dúvida, é muito interessante que Arendt, como uma pensadora judia e refugiada, opôs-se à alternativa sionista em 1948, que consagraria os judeus como o "povo escolhido". Seu argumento contra o genocídio não era sionista, mas abrangia a condição de uma "não escolha" universal. Ela participava dos "não escolhidos" contra Eichmann, e isso tem uma relação muito importante com o trabalho que fez a respeito dos direitos dos refugiados em *Origens do totalitarismo*.[14]

É claro, Arendt não era uma defensora da não violência, já que ela mesma conclamou a formação do exército judeu no início da década de 1940, acreditando que a violência era necessária e justificada em nome da autodefesa. No entanto, parece que ainda seria possível perguntarmos acerca de um "eu" relacional, entendido como uma pluralidade, e de um "eu" que engaja na autodefesa. Se uma pessoa defende a si contra a perspectiva de uma aniquilação violenta, isso ainda é uma relação constitutiva com aquele contra quem se luta? Essa é outra maneira de pensar a respeito de uma relacionalidade antagônica e controversa que não pode ser descrita ou contida pela linguagem do contratualismo.

---

14 Arendt, Hannah. *Origens do totalitarismo*. São Paulo: Companhia das Letras, 2012 [*The Origins of Totalitarianism*. San Diego, New York: Harcourt, 1973].

Despossessão

AA: Na medida em que você fala da relacionalidade do "eu" que se engaja violentamente na autodefesa e na questão de que ele/ela ainda está em uma relação com quem luta, lembro-me do "bombardeio suicida", em que a pessoa que luta (*shahid* ou *shahida*) morre com suas vítimas, em uma intimidade absolutamente tanatopolítica (intimidade-na-desintegração), em que "sustentar o testemunho" em relação à dimensão relacional de autodeterminação consiste também em uma autoaniquilação. Talvez possamos entender o bombardeio suicida como uma exposição absoluta e autoexcessiva ao outro, mas uma exposição que é tão autoexcessiva que não é capaz de sustentar a responsividade do outro? Talvez o caráter "único" do combate suicida ou do martírio resida justamente aí, e não em suas motivações supostamente patológicas — que se ligam ao estereótipo dos combatentes maus pré-modernos, diferentes das consciências boas e moralmente desenvolvidas dos meros guerreiros.[15]

JB: Talvez seja importante pensar a respeito dos diferentes modos como a vida e a morte são conceitualizadas no estado de guerra ou nos modos contemporâneos de "letalidade", como diria Asad.[16] Não é tão incomum encontrar, no interior de inúmeras tradições culturais e religiosas, uma noção de como aquele que morre define uma vida, e as vidas singulares têm sentido apenas no contexto de concepções mais gerais de vidas humanas e não humanas. Parece que mesmo os teóricos da guerra fazem distinções entre formas de matar que são

---

15 Ver também Asad, Talal. *On Suicide Bombing*. New York: Columbia University Press, 2007. Nele, o autor questiona a percepção comum no Ocidente de que o soldado suicida é um ícone islâmico da cultura da morte. (N. A.)

16 Ibid.

justificadas e outras que não são, e todas essas distinções pressupõem que existem formas legítimas com as quais o Estado pode prejudicar a vida dos soldados em nome da nação.

De fato, o exército norte-americano sempre fez uso de uma ideia de "sacrifício nobre" para justificar o fato de que homens jovens, em sua maioria pobres, devem ser enviados para combates nos quais podem perder (e de fato perdem) suas vidas enquanto tentam matar outras pessoas. Encontramos esse entrelaçamento entre perder e tomar a vida de outra pessoa em todo lugar. O "bombardeio suicida" talvez seja um exemplo visual dessa lógica particular nas condições midiáticas e políticas contemporâneas. Mas a conexão entre matar e ser morto consistiu em um aspecto muito valorizado do estado de guerra por muito tempo e continua a sê-lo nos contextos culturais ocidentais e não ocidentais. Na medida em que as noções de autodefesa tendem a tomar como pressuposto o desejo de viver, sobreviver e persistir, essas mesmas noções, quando tomadas por princípios militaristas, exigem um sacrifício reiterado da vida e da valorização da vida. Vemos, então, algo da pulsão de vida e da pulsão de morte em conjunção a uma forma particularmente destrutiva de militarismo nas formas de operação das forças armadas. Encontramos essas noções violentas de autossacrifício na polícia norte-americana, e não apenas entre os talibãs (mas também entre eles). E, sem dúvida, podemos encontrá-las nas estratégias de recrutamento israelitas, e não apenas na Brigada Al-Aksa. Eles estão todos de acordo com o fato de que serão mortos enquanto matam os outros. Não faz sentido tratar isso como uma questão pré-moderna ou não civilizada quando essa combinação se encontra por todo o campo da militarização, em múltiplas formas culturais.

11
Expropriando o performativo

AA: Você mencionou anteriormente os muitos recursos com que pessoas e movimentos lutam e insurgem "nas e contra as" injustiças urgentes de nosso tempo. Tenho a impressão de que momentos de resistência coletiva como esses exigem levar a sério a importância da política do performativo para uma política precária. De fato, o projeto crítico de pensar a despossessão além da lógica da posse, como um recurso para a reorientação da política, leva-nos novamente à pergunta do que pertence à ação apropriadora e expropriadora do performativo. Quando há um esforço para resolver a relação entre a performatividade e a política precária, as seguintes questões aparecem insistentemente diante de nós: em que medida o performativo é determinado pelo peso de suas histórias sedimentadas? Será que uma ressignificação performativa ou uma reapropriação da norma, por exemplo, simplesmente retomam, tomam por completo ou abrem mão da norma em seu sentido estabelecido?

Um performativo está necessariamente implicado na paleonímia da propriação, apropriação, reapropriação, apropriação indevida ou expropriação que autoriza e, ao mesmo tempo, é capaz de expor e até mesmo mudar as limitações inscritas em si mesma. Pode ser que um trabalho crítico da negatividade seja a oportunidade de mapear as possibilidades do que você, Judith, chamou de "surpresa performativa"[1] — a possibilidade interna e interminável de falha da dialética, em que a dialética envolve a constante restauração entre diferença e ordem. E talvez essa forma de política do performativo possa ser levada em consideração para traçar o que Jean-Luc Nancy chamou de "a inquietude do negativo".[2] Tenho a impressão de que surge aqui uma concepção de dialética que tem o potencial de desestabilizar sua própria lógica de transponibilidade binária, que emergiria, então, como um campo de batalha constante e de muitas camadas, prescindindo de uma dissolução programática e definitiva do conflito — sem, por assim dizer, uma palavra final.

Mesmo que as normas, por definição, produzam-nos e formem-nos performativamente, permanece aberta a possibilidade da invocação e ressignificação crítica da ordem normalizada. Mas seria possível dizer que a porta da Lei também permanece aberta. Consideremos a parábola de Kafka "Diante da lei",[3]

---

1 *"Performative surprise"*. Athanasiou refere-se a um prefácio escrito por Butler para *Gender Trouble* em 1999, não foi incluído na tradução brasileira. Butler, Judith. *Problemas de gênero: feminismo e subversão da identidade*. Trad. Renato Aguiar. Rio de Janeiro: Civilização Brasileira, 2003 [*Gender Trouble: Feminism and the Subversion of Identity*. London: Routledge, 1990. p.xxvi.]

2 Nancy, Jean-Luc. *Hegel: The Restlessness of the Negative*. Trad. Jason Smith e Steven Miller. Minneapolis: University of Minnesota Press, 2002.

3 Kafka, Franz. Diante da lei. In: *Franz Kafka essencial*. Trad. Modesto Carone. São Paulo: Penguin Classics, Companhia das Letras, 2011 [Before the Law. In: Glatzer, Nahum N. (Ed.). *Franz Kafka: The Complete Stories and Parables*. Trad. Willa e Edwin Muir. New York: Quality Paperback Book Club, 1971. p.3-4].

Despossessão

em que a "abertura" da lei pode estar implicada nos perigos do retorno à normalidade e à foraclusão que vêm à existência por configurações novas e revigoradas de governamentalidade. É claro, essa cena de retirada da lei, ou *a partir* da lei, não deve nos levar a uma noção de lei redutiva como paradigma de um poder supostamente fixo e monolítico nem como meio definitivo de normalização. Como Derrida argumentou, o poder da lei reside justamente em sua abertura, em sua não materialização. O perpétuo adiamento do acesso do sujeito à lei é ditado pela própria lei, que remete sua força ao constante adiamento de sua implementação, sempre e já em uma porta entreaberta. O sujeito que busca acessar a lei está vinculado a uma permanência, em uma posição de eterno pressuposto e antecipação, sempre antes da lei, antes da aporia da lei.[4] No entanto, minha referência à parábola de Kafka é orientada por um problema um pouco diferente: pergunto-me se é possível pensar performativamente com o (ou pelo) messiânico. Esse é um questionamento que você levanta no prefácio da segunda edição de *Problemas de gênero*, quando afirma que sua formulação de performatividade de gênero foi inspirada na interpretação de Derrida sobre essa parábola em particular. Então, gostaria de ponderar com você sobre as implicações de pensar performativamente não apenas pela interpretação de Derrida da filosofia da linguagem de Austin, mas também pela leitura derridiana de Kafka.[5] Tenho a

---

4 Derrida, Jacques. Before the Law. Trad. Avital Ronell e Christine Roulton. In: Attridge, Derek (Ed.). *Acts of Literature*. New York: Routledge, 1992. p.181-220.

5 Derrida, Jacques. *Limited Inc*. Trad. Jeffrey Mehlman e Samuel Weber. Evanston, IL: Northwestern University Press, 1988; Derrida, Jacques. Before the Law.

Judith Butler

impressão de que essa perspectiva implica a performatividade nas operações do messianismo negativo. Como sabemos, o messianismo se forma no universo kafkiano pela própria ausência de redenção messiânica: a chegada do Messias só tem lugar no dia seguinte; não no último dia, mas no ultimíssimo dia; no dia em que, poderíamos pensar, essa vontade seria adiada. Essa configuração do messiânico diverge de maneira significativa do messianismo monoteísta religioso, que vê a chegada como uma materialização total da Lei. O messianismo negativo de Kafka ressoa o materialismo histórico, herético e não teológico de Walter Benjamin, um materialismo histórico profundamente inscrito em seu messianismo judaico, uma insistência inabalável na abertura imprevisível da história. Pergunto-me, então, o que essa temporalidade incompleta, disjuntiva e radicalmente aberta (e predicada dessa maneira na negatividade messiânica) tem a dizer sobre a performatividade.

JB: Nunca me detive exatamente sobre essa questão do messiânico no interior da performatividade, mas você trouxe algumas contribuições sobre isso, e estou aberta a pensar como isso funciona. É verdade que a interpretação derridiana de "Diante da lei" me ajudou a entender como a força e a promessa da lei podem ser um efeito de sua antecipação. Afinal, o homem que espera diante da porta da lei assume que o guarda tem poder para fazê-lo e assume também que existe alguma verdade intrínseca à lei em relação a qual ele virá a ter acesso — de maneira bastante física. Quando o guarda alega que a lei é destinada apenas ao homem e que, agora que ele está morrendo, aquela porta será fechada, estamos diante de certo duplo sentido: a verdade da lei permanecerá para sempre inacessível, mas essa verdade só pode ser antecipada no interior daquela própria vida;

Despossessão

além disso, o encerramento da vida é o fim dessa antecipação. A lei é produzida e elaborada cada vez que se invoca a cena de sua antecipação. Ao mesmo tempo, mesmo que a lei seja reiteradamente produzida, ela nunca se materializa de maneira plena ou definitiva. Quando li pela primeira vez a interpretação de Derrida, entendi que seria possível fazer esse mesmo argumento em relação à "essência interna" do gênero, uma ideia constantemente afirmada nos discursos médicos e populares mas que prova ser, no interior desses discursos, menos estável e certa do que se pretende. Se existe um sentido de messiânico no performativo, esse sentido seria, sem dúvida, uma maneira de pensar sobre a forma antecipatória de postular o que fracassa em atingir uma realização final. Se pensamos nisso como uma parte do que chamei anteriormente de direito à existência, então o performativo seria um exercício de articulação que traz à existência uma realidade indefinida, em aberto. A "finalidade em aberto" talvez seja uma maneira de descrever essa indefinição que significa o exercício da liberdade fora da teologia (e da escatologia). Aqui, a precariedade é crucial se quisermos entender esse exercício como uma luta corpórea pela existência, pela persistência. Embora nem todas as formas de exercício da liberdade enfatizem a liberdade de viver, nenhuma dessas formas pode ter lugar sem a liberdade de viver.

12
Linguagens despossuídas ou singularidades nomeadas e renomeadas

AA: No capítulo anterior, discutimos a promessa de uma performatividade disruptiva – ou seja, a possibilidade de performatizar no interior, para além e contra a recitação retroativa, e expropriar as limitações e injúrias prescritas por ela. Assim entendida, a performatividade política está em conjunção com a política da precariedade e, ao se comprometer com sua própria precariedade, permanece aberta e sem predefinição, suscetível às forças precárias do acontecimento de maneira persistente e interminável. Essa ausência de predefinição, com suas promessas e perigos, envolve-nos na possibilidade de resistir às reivindicações ontológicas e no compromisso com o trabalho do negativo. No entanto, essa elaboração se preocupa em detalhar os modos como o trabalho do negativo deve considerar (seria possível dizer até mesmo cumprir com) a possibilidade necessária da afirmação.

É desse modo que surge a questão do indizível e do inaudível, quando o performativo excede as matrizes dadas do que é dizível e do que é audível – ou seja, do que se pode dizer e do que se pode ouvir. Na medida em que as violências da opressão assumem formas intrincadas e ferozes no mundo atual,

Judith Butler

emergem certos dilemas de nomear e ser nomeado, como também de ouvir e ser ouvido. Se a linguagem disponível fracassa em capturar a atrocidade, somos levados a inventar novas gramáticas de "dizer", "ouvir", teorizar e agir. No entanto, em que medida as tecnologias da representação produzem totalidades sinópticas de "alteridade" e consolidações morais de injúrias? Gayatri Chakravorty Spivak e outras pensadoras feministas pós-coloniais, por exemplo, chamaram nossa atenção para os modos como os erros da opressão e da despossessão não se fazem ouvir no interior dos discursos hegemônicos.[1]

Parece que essas vicissitudes lexicais e representacionais – que incluem uma sobrerrepresentação e uma subnomeação – formam parte da constelação a que Adriana Cavarero chamou de "horrorismo", fenômeno atual de violência política, degradação e sofrimento.[2] As violências do "horrorismo" operam produzindo, ao mesmo tempo, domínios de sobrerrepresentação e subnomeação. Poderíamos considerar aqui a força aporética da inefabilidade: por um lado, o inefável significa um efeito de poder, na forma de uma redução normativa do apagamento do outro à condição de silenciamento da abjeção e da vitimização; por outro lado, implica o acontecimento não antecipado de uma ruptura nas matrizes do dizível e do imaginável. Assim, o

---

1 Spivak, Gayatri Chakravorty. *Pode o subalterno falar?* Trad. Sandra Regina Goulart Almeida, Marcos Pereira Feitosa e André Pereira Feitosa. Belo Horizonte: Editora UFMG, 2010 [Can the Subaltern Speak? In: Nelson, Cary; Grossberg, Lawrence (Eds.). *Marxism and the Interpretation of Culture*. Urbana: University of Illinois Press, 1988. p.271-313]. Ver também Morris, Rosalind (Ed.). *Can the Subaltern Speak?* Reflections on the History of an Idea. New York: Columbia University Press, 2010. (N. A.)

2 Cavarero, Adriana. *Horrorism: Naming Contemporary Violence*. New York: Columbia University Press, 2009.

que acontece na linguagem da representação quando se encontra o desafio de expressar, no corpo do texto, uma corporalidade humana fraturada? O que acontece na linguagem da representação quando se encontra uma corporalidade marcada – ao mesmo tempo, representada demais e radicalmente não representada – nos regimes de "horrorismo" contemporâneos? De que maneira a inefabilidade organiza o nomeável? Parece que nossa tarefa crítica talvez seja traçar o problema da articulação entre o que não pode ser dito e o que deve ser dito, uma articulação que não tem nenhuma garantia de pureza.

Seria também possível perguntar como endereçar de maneira crítica a violência que torna uma pessoa indizível sem reinstituir um regime normativo do dizível que tenha a forma de um reconhecimento nomeador, taxonomicamente burocrático ou formal. O ato de endereçar e responder, que pode ser mediado por forças performativas não calculáveis nem fixáveis da linguagem, captura, denomina, rememora e testemunha, excedendo as estruturas formais de nomeação. Esse ato talvez seja um exercício de imaginar e promover a possibilidade necessária para uma mudança ou ruptura com essas limitações, embora não seja possível superá-las plenamente mesmo que (ou porque?) a linguagem sempre fracasse. No contexto das formas contemporâneas de proliferação da injuriabilidade, somos convocados – de maneiras políticas e intelectuais – a nomear essas situações e a lidar com elas. Mais importante, somos convocados a capturar a singularidade (que sem dúvida é sempre plural, como Jean-Luc Nancy demonstrou)[3] das pessoas que são

---

3 Nancy, Jean-Luc. *Being Singular Plural*. Trad. Robert Richardson e Anne O'Byrne. Stanford: Stanford University Press, 2000.

politicamente reduzidas a uma matéria humana insignificante ou a um desperdício humano. Um exemplo disso foi a cobertura norte-americana dos eventos de Abu Ghraib, em que a tortura e o espetáculo convergiram em cenas fotográficas atrozes de degradação e as singularidades do rosto dos presos foram intencionalmente apagadas – reduzidas a uma matéria humana anônima, unilateralmente exposta e intercambiável. O apagamento da singularidade ou a despersonalização consiste em um aspecto crucial da biopolítica, assim como a individualização – na forma de uma vida individualizada (*bios*) e da capacidade de individualizar e privatizar – é um aspecto crucial da (auto)gestão biopolítica.

JB: Certamente. No entanto, talvez exista uma diferença entre saber o nome e o rosto de cada pessoa que foi destruída e compreender algo a respeito das condições para atingir uma singularidade no interior de determinado campo de inteligibilidade. Essa segunda questão corresponde às pré-condições normativas para atingir a enlutabilidade. Talvez estejamos mais uma vez diante do dilema entre estrutura e circunstância.

AA: Sim, e nossa atenção deve se voltar, então, de novo e de novo, à procura por modos de "nomear" as pré-condições normativas para alcançar a singularidade no interior de regimes de dominação. No entanto, a singularidade envolve a comunidade, mesmo que seja uma "comunidade daqueles que não têm comunidade".[4] Como Derrida afirma em *Políticas da amizade*, a

---

4 Derrida, Jacques. *Políticas da amizade*. Trad. Fernanda Bernardo. Lisboa: Campos das Letras, 2003. p.51 [*Politics of Friendship*. Trad. George Collins. London: Verso, 1997. p.46-7]. Como Derrida argumenta na obra, essas palavras de Bataille são usadas na epígrafe de *The Unavowable Community* (Trad. Pierre Joris. Tarrytown, NY: Station Hill Press,

singularidade envolve uma separação que pode funcionar como um convite para a comunidade (política) – uma "comunidade da desligação (*déliaison*) social".[5] Mas como é possível pertencer quando se permanece inominado ou inominável?

Deixe-me voltar, então, aos meandros da nomeação. Pergunto-me se, diante da proliferação de modos, nomes, situações ou ontologias sociais de despossessão (de refugiados, imigrantes, exilados, expatriados, pessoas LGBTQ), estamos defendendo um retorno às políticas de identidade precisamente por meio de formas performativas de nomeação. A "identidade" certamente tem tudo a ver com as injúrias no sentido da produção de sujeitos corporificados no interior de restrições de discursos e de poder que são normalizadoras e traumáticas. As forças particularmente culturais da identificação e da subjetivação se encontram relacionadas, de maneira indissociável, às formas como imaginamos e reconhecemos uma vida viável e uma morte enlutável, conforme os pré-requisitos da inteligibilidade. Mas, como já conversamos, forjar identidades em torno das injúrias é um caminho arriscado; uma política identitária amparada nas reivindicações de ferimentos termina por reafirmar as estruturas de dominação que causaram a injúria.

O desafio é, então, como reivindicar uma vida viável sem tomar o sujeito corporificado como garantia e ponto de partida para a política. A própria questão "a vida (e a morte) de quem importa?" desmantela os pressupostos ontológicos que operam

---

1988), um livro que conversa com um artigo de Jean-Luc Nancy que daria origem ao livro *The Inoperative Community* (Ed. Peter Connor. Minneapolis: University of Minnesota Press, 1991). (N. A.)

5 Derrida, Jacques. *Políticas da amizade*. p.35.

para distribuir, limitar ou destruir as possibilidades de vida na definição do escopo conceitual, epistemológico e político do humano. Ao discutir a relação entre política e vulnerabilidade, você chamou a atenção, Judith, para as formas como as normas sociais determinam que tipo de humanidade pode se tornar possível, que formas de vida se tornam amáveis e enlutáveis. Alguns críticos manifestaram uma ressalva, apontando para o fato de que esse gesto, ao levar o humanismo aos seus próprios limites ao fazer dele um efeito desumanizado do poder, correria o risco de introduzir uma nova ontologia do humanismo. Como o questionamento da ontologia do sujeito humano – ou seja, a inteligibilidade das normas que nos constituem como humanos – pode evitar incorrer em outras formas de normalidade, outros atos de normalização? Que tipo de diligência política é necessária para que isso seja evitado?

Em suas análises, o arquivo global da despossessão parece ser, em vez de uma nova política identitária, a chance de tornar possível uma base para a relacionalidade ou a comunidade. Essa comunidade estaria centrada na consideração da vulnerabilidade dos outros e na recuperação da responsabilidade coletiva das vidas de cada um. Pode ser que o que está em jogo aqui seja a mudança entre um narcisismo (ferido) da autoidentidade soberana e autônoma, que se encontra no núcleo da ontologia individualista moderna, e uma posição ético-política das subjetividades pós-identitárias, que são entregues e expostas ao abandono, à precariedade e à vulnerabilidade dos outros.

Como "nós" podemos, então, imaginar maneiras de resposta e de solidariedade que não reificam "os despossuídos" e não repetem o apagamento de suas subjetividades (a destruição da "unicidade" dos seres humanos de que fala Hannah

Arendt),[6] mas, em vez disso, permitem uma separação que funciona como convite para uma comunidade (política)? Será que a "ontologia", em si mesma, passa por uma reconfiguração quando lutamos contra a despossessão ontológica? Deixe-me, no entanto, pôr esse dilema: se a nomeação corre o risco de ferir, impedir a nomeação não significa, no entanto, estar imune a esse perigo. Será que evitar a nomeação apropriativa (do outro, dos despossuídos, das pessoas precarizadas) produz um regime apropriativo de não nomeação – com todas as suas implicações de idealizar, romantizar, tornar exótico e formar uma compaixão discursiva –, reiterando, então, a lógica soberana de silenciamento? Como sabemos a partir da designação de identidades, talvez seja precisamente esse o predicado dos nomes: são sempre ao mesmo tempo necessários e perturbadores. Agimos por meio deles, embora apesar deles e eventualmente contra eles. Dito isso, gostaria de levantar a questão de que, se a despossessão deve ser nomeada e teorizada, isso deve se dar por meio de uma nomeação e de uma teorização que nos leve além da generalidade abstrata da alteridade e da reificação que se dão sob encarnações específicas da alteridade.

JB: Você chamou nossa atenção para o caráter problemático da nomeação. Sem dúvida, o ato de nomear pode ser uma forma de apropriação, e vemos isso, por exemplo, na Bíblia, quando Deus estende seus domínios ao nomear tudo o que vê (seria possível dizer que aquilo que Ele nomeia se torna visível pela primeira vez). A nomeação pode, assim, estar a serviço de uma

---

6 Arendt, Hannah. *Origens do totalitarismo*. São Paulo: Companhia das Letras, 2012. p.602 [*The Origins of Totalitarianism*. San Diego, New York: Harcourt, 1973. p.455].

forma soberana do performativo. Para nós, a questão seria: que forma pode tomar, e de fato toma, a nomeação quando se procura desfazer a condição soberana daquele que nomeia? Uma forma de dar início a esse questionamento seria, então, levar a sério o fato de que aquele que nomeia também é sempre nomeado. Em outras palavras, seja quem for essa pessoa que faz uso da linguagem para nomear, ela se encontra sempre interpelada em uma linguagem e é até mesmo usada por ela antes de qualquer uso deliberativo que possa fazer da linguagem. Isso constituiria uma condição geral para o nome que antecede e excede qualquer circunstância particular de nomeação, incluindo a autonomeação que é, certamente, necessária. Vemos isso quando, por exemplo, pessoas transgênero que lutam para nomear a si mesmas se veem às voltas do que fazer para mudar o próprio nome e como requerer que os outros usem o nome escolhido. Em situações como essas, podemos ver como a questão do nome é impregnada pela questão do desejo. Talvez também com "Strella", certo? Se entendi corretamente, seu nome é "estrela", que deriva das tradições religiosas oníricas da Grécia? Ao invocar também seu "estrelato", o nome anunciaria, talvez, sua condição luminosa no mundo? A terminação "-ella" faz que o nome soe feminino, mas também parece fazer referência a algo de sobrenatural que, em última instância, reduz o gênero a um detalhe.

Então, o que parece para nós, eu e você, ser uma tensão entre o particular e o universal pode na verdade ser repensado à luz de uma política geral de nomeação. Se somos sempre nomeados pelos outros, talvez o nome signifique, de partida, certa despossessão. Se procuramos nomear a nós mesmos, de alguma maneira dependemos sempre daqueles a quem requeremos a aceitação de nossas demandas. Parece haver uma sobredeterminação do social no lugar do nome, de modo que, por mais particular que desejemos que um nome seja, ele nos excede e nos confunde. Ao mesmo tempo, ele é, em geral, a condição de nossa particularidade, a circunstância de sua renovação e inovação singulares e, às vezes, um momento de *poiesis*: "Strella!".

AA: "Strella" é de fato um híbrido, um nome que combina o estrelato – *stella* (do latim) – e a loucura – *trela* (do grego). Strella inventa um novo nome para si mesma, usando uma linguagem que ela não criou. Ela reapropria a violência da desrealização social que sofreu como transgênero por uma estratégia de autonomeação, pela invocação de outras desrealizações (que talvez sejam mais reconhecíveis em suas astutas infamiliaridades), outras formas de ser levada para além de si mesma. A nomeação implica uma performatividade que está necessariamente entrelaçada no tecido da propriação que a autoriza, enquanto, ao mesmo tempo, permanece de alguma maneira capaz de expor e exceder seus limites prescritos. O ato performativo de renomeação é, de fato, um aspecto central em todo o filme. Na cena em que a rainha queer, como uma figura matriarcal, avisa Strella que não se pode mexer com tabus tão antigos sem correr o risco de cair na *hybris*, ela invoca os nomes de Sófocles e Eurípedes, transformando-os em nomes femininos. Então, sim, a nomeação não é apenas um lugar de trauma, mas também uma estratégia em potencial de mimese subversiva. No lugar do nome, a tragédia não pode desaparecer, mas pode, sem dúvida, ser incorporada de uma nova maneira.

13
A promessa política do performativo

AA: Conversamos anteriormente sobre as potencialidades subversivas das subjetividades despossuídas, a possibilidade de ser corporificado de uma outra maneira. Como já dissemos, a performatividade diz respeito a um processo diferencial e diferenciador de materialização e de importância, que permanece sem garantias ou antecipações, persistente e interminavelmente suscetível às forças espectrais do acontecimento.[1] O desafio

---

[1] *Materializing* e *mattering* são dois termos com os quais Butler reproduz um jogo de linguagem já usado no livro *Bodies That Matter: On the Discursive Limits of "Sex"*, em que a autora se vale da polissemia do significante *matter* para indicar matéria, peso e importância. Os termos ganham relevância na medida em que, em *Bodies That Matter*, ela está respondendo às críticas recebidas pelo seu livro anterior, *Problemas de gênero*, no qual a ênfase no conceito de performatividade de gênero não teria dado a devida importância à materialidade do corpo. O tema vai permanecer em debate nos livros subsequentes, nos quais o corpo, a corporeidade e a corporificação nunca deixarão de ter peso, seja no sentido de importância, seja também no sentido de apontar como certos corpos são abandonados à morte por serem considerados um peso, um excedente não integralizável na vida social.

Judith Butler

político com que nos deparamos é, então, o de se empenhar em aspectos da contestação que tenham o potencial de manter a inteligibilidade aberta para o que você chamou de "promessa política do performativo". A abertura do político em relação aos sentidos de um futuro não figurado consiste em permitir um excesso performativo da temporalidade social que resista à totalização e à captura por forças autoritárias de significação. Na medida em que endereçamos a abertura a uma reinflexão política (que inclui a reinflexão do próprio político), no entanto, gostaria de sugerir que pensássemos sobre o acontecimento não nos termos de um momento singular e revelador que vem de fora, e sim como um exercício performativo de agonismo social no interior de normas que atuam sobre nós de maneiras que excedem a plenitude de nossas consciências e de nossa capacidade de controle; um agonismo social que produz efeitos disruptivos e subversivos nas matrizes normalizadas de inteligibilidade. Esse questionamento ressoa alguns problemas que surgem no contexto da performatividade política contemporânea: por exemplo, como repensar a possibilidade de uma democracia agonística atualmente, para além de uma mera extensão da amplitude do liberalismo, em direções "mais inclusivas" ou "mais tolerantes". Ou, talvez mais importante, como pensar e atuar em práxis políticas além e contra sua redução normativa a uma técnica de governamentalidade neoliberal.

Para tentar tornar essa questão um pouco mais concreta, gostaria de fazer referência a alguns usos políticos da performatividade. Você chamou atenção, Judith, com Gayatri Chakravorty Spivak, para os imigrantes espanhóis ilegais cantando o hino dos Estados Unidos nas ruas de Los Angeles em maio de 2006 (ver capítulo 7, p.112). Ao se reapropriarem

Despossessão

publicamente de sua recusa na esfera pública nacional, os manifestantes expuseram e perturbaram os modos de exclusão pelos quais a nação imagina e aumenta sua coesão. Pelo canto catacrético do hino nacional, eles expuseram e repossuíram performativamente as normas de visibilidade e audibilidade pelas quais a nação é constituída.

Gostaria de fornecer outros exemplos que remetem ao meu trabalho antropológico sobre a política feminista e antimilitarista do movimento Women in Black na antiga Iugoslávia. Enfraquecendo as associações normativas do luto com o feminino e o patriotismo, essas ativistas, cujas ações nas ruas são silenciosas, testemunham, e ao mesmo tempo rompem, com a normatividade silenciosa e injuriosa da história nacional de recusa das perdas. Na medida em que o movimento Women in Black se torna responsável por outros que já não podem mais falar (os mortos do outro lado, silenciados e, portanto, duplamente mortos), as linguagens e os silêncios do luto passam de uma "linguagem feminina" própria a uma catacrese performativa rejeitada e oposta à própria inteligibilidade dos discursos do político. Na medida em que a gramática do luto é convencionalmente imbuída da fantasia nacionalista e heteronormativa da "mãe da nação", essas ativistas enfraquecem o papel normativo destinado às mulheres pelo luto dos outros da nação, ou seja, reencenando o signo do luto fora dos limites sancionados da feminilidade, da domesticidade e da lealdade nacional.

JB: O que é muito interessante na sua análise sobre o Women in Black é a forma como suas práticas públicas de luto não apenas se separam de projetos nacionalistas, mas também são empregadas contra o nacionalismo. Talvez essas práticas de luto estejam desvinculadas de uma associação tradicional com a família. Então as mulheres, que supostamente são mães, que deveriam gerar e enlutar os filhos que morrem na guerra, aparecem nessas situações como portadoras de um luto público antimilitarista. E elas não apenas enlutavam aqueles que conheciam ou com quem tinham algum tipo de relação, mas também quem não conheciam e nunca poderiam ter conhecido. Esse último aspecto me parece importante, já que generaliza o luto ao mesmo tempo que o torna mais agudo. Embora o problema da perda diga respeito sempre a *esta* perda, esta pessoa ou este parente que eu conhecia e amava, ele também diz respeito, especialmente em contextos de guerra, a todos aqueles que sofreram injúrias ou foram destruídos pelas populações e nações que travaram a guerra. Dessa maneira, a perda individual não é absorvida por uma perda mais generalizada; na verdade, essas duas dimensões são indissociáveis. Então, por exemplo, as Mães da Praça de Maio são mães ou pessoas que se afiliam com as mães, mas elas também militam contra a possibilidade de esquecimento dos desaparecidos nos anos de ditadura na Argentina. Essa amnésia é uma realidade histórica justamente por causa das leis de anistia que aconteceram quando a "democracia" foi instaurada. De certa maneira, as *madres* — que incluem as muitas pessoas que se juntam a elas, inclusive homens — se negam a permitir que os "desaparecidos" se tornem perdas recusadas pela nação. Mas elas também dão presença corpórea à demanda, "nunca mais".

Talvez seja importante mencionar o fato de que o nacionalismo pode funcionar por meio do luto visual e hiperbólico das pessoas que foram perdidas em conflitos, assim como pela dura negação da perda. Pode ser que o processo de tornar heróis

Despossessão

aqueles que foram perdidos seja uma combinação entre dramatizar e negar uma perda, já que a condição de herói redime as perdas irreversíveis e, de alguma maneira, procura reverter uma perda que não pode ser revertida.

AA: Isso fornece uma trilha para conversarmos sobre as maneiras como os quadros de despossessão se tornam uma oportunidade performativa para muitas contingências de ações individuais ou conjuntas de desespero e dissenso. É impossível endereçar os modos atuais de dissenso político sem a invocação ou "nomeação" (para ecoar nossa conversa anterior sobre as vicissitudes dos nomes) de seus precursores. Um dos casos mais notáveis foi, sem dúvida, a autoimolação do vendedor de frutas tunisiano Mohamed Bouazizi em 17 de dezembro de 2010, que catalisou o levante que depôs Ben Ali depois de 23 anos no poder; o ato individual desesperado do suicídio público de Bouazizi gerou um movimento de desobediência e resistência coletiva. A onda de manifestações de rua sem precedentes que levou às revoluções tunisiana e egípcia foi provocada por um ato de desafio desesperado em resposta a um ato violento de despossessão – o confisco dos produtos do vendedor ambulante –, assim como ao assédio que ele sofreu por parte de um fiscal municipal. Deveríamos mencionar também o caso de Fadwa Laroui, mulher marroquina que ateou fogo em si mesma em 21 de fevereiro de 2011 como forma de protesto por ter sido excluída de um programa de habitação social por ser mãe solteira – sua morte foi silenciada pelas mídias local e internacional. Nesse contexto de cidadania corporal, é preciso também citar Khaled Saeed, que foi espancado até a morte pelas forças de segurança egípcias em Alexandria em 6 de junho de 2010: as fotos de seu corpo mutilado, vazadas do necrotério, foram reproduzidas em cartazes e pôsteres dos protestos em massa contra a brutalidade policial e os abusos de poder, protestos esses que deram início ao levante egípcio. Do outro lado do Mediterrâneo, não se pode deixar de mencionar Kostadinka Kuneva, uma migrante búlgara e ativista sindical, faxineira do sistema de transporte público de Atenas. Em dezembro de 2008, ela foi atacada por dois homens não identificados que fizeram uma emboscada perto de sua casa e jogaram ácido sulfúrico em seu rosto, forçando-o em sua garganta. Esse evento ilustra os poderes interseccionais entre racialização e feminização que estruturam a condição de "se tornar precário". Mais recentemente, em 5 de abril de 2012, um pensionista grego de 77 anos cometeu suicídio na Praça da Constituição, em frente ao parlamento grego, em um ato de desespero e protesto. Na nota que deixou, mencionava sua "incapacidade de sobreviver", explicando que escolheu dar fim a sua vida com dignidade em vez de terminar procurando comida no lixo e se tornar um fardo para seu filho.

A questão aqui não é forjar uma iconografia do martírio "excepcional" ou "heroico", e sim pensar a respeito das formas relacionais e corpóreas de políticas de rua que surgem como resultado da exposição da população a formas dominantes de descartabilidade socialmente atribuídas, assim como do esforço em resistir a elas. Na medida em que as políticas de rua hoje postulam questões de despossessão na forma de quem *possui* o humano e de quem é a humanidade *despossuída*, meu interesse é compreender como a despossessão mantém uma ressonância performativa estranha em relação às lutas antiautocráticas de nossos tempos, lutas que parecem acontecer majoritariamente por ações corporais.

Despossessão

JB: Talvez possamos pensar também sobre as greves de fome nesse sentido. Como sabemos, as pessoas que fazem esse tipo de greve usam seus corpos como recurso para o poder político. Se o prisioneiro que continua a comer mantém a maquinaria da prisão em funcionamento, o prisioneiro que morre de fome expõe a inumanidade dessa maquinaria, das condições da prisão, formulando um "não" por ações corporais que podem ou não tomar a forma de um discurso. A greve de fome estabelece a disposição do prisioneiro para a morte justamente porque as condições sob as quais essa vida é reproduzida a tornaram indissociável da morte. As greves de fome também apelam para os sentimentos morais humanitários e despertam a opinião pública, enquanto outras formas de subjugação nas prisões, geralmente veladas, passam despercebidas. Nesse caso, passar fome é uma forma de resistência e, com o auxílio da mídia que cerca qualquer escândalo humanitário, pode se tornar uma forma pública de resistência. Qual é a diferença entre um suicídio público e formas de lidar com a morte conduzidas publicamente, como negligência, encarceramento ou isolamento forçado? Somos levados a considerar "morte" o que caracteriza a vida em condições como essas, mas também somos levados, pela greve de fome, a entender a vontade de resistência. Não há nenhum modo de ser constituído como sujeito em um regime como esses (negligência, encarceramento, isolamento forçado), de modo que a única resistência possível se dá por meio de uma prática de destituição do próprio sujeito. Ser despossuído como uma vida se torna a maneira de despossuir as forças coercivas e privativas dessa forma de poder.

AA: Na medida em que consideramos os conceitos variados e as práticas de despossessão, incluindo práticas de resistência

Judith Butler

que envolvem a despossessão de si como uma maneira de despossuir os poderes coercitivos, penso sobre a relação entre despossessão e descartabilidade, na qual ser descartável é entendido como uma característica contemporânea da condição humana.[2] O tema da descartabilidade chama minha atenção especialmente porque as formas dominantes de despossessão são impostas e contrapostas, hoje, por práticas que têm o corpo como um recurso para o poder político. De fato, a própria descartabilidade dos corpos opera por linhas raciais, de gênero, econômicas, coloniais e pós-coloniais. As pessoas *se tornam* prescindíveis e descartáveis pelas forças de exploração, da pobreza, do machismo, da homofobia, do racismo e da militarização. Podemos compreender as políticas de descartabilidade como uma maneira de abjeção, uma maneira de matar com impunidade, de produzir o humano e sua mais-valia inassimilável. Essa política da descartabilidade pode ser traçada em muitas histórias dos limites do humano, da violência antigay e das altas taxas de suicídio entre a juventude LGBTQ[3] às economias generificadas das fronteiras. Sobre isso, podemos considerar os feminicídios: homicídios recorrentes de mulheres trabalhadoras (*las muertas de Juárez*),[4] que foram assassinadas no caminho

---

2 Cf. Khanna, Ranjana. Disposability. *Differences*, v.20, n.1, p.181-98, 2009.

3 Sedgwick, Eve Kosofsky. How to Bring Your Kids Up Gay. *Social Text*, v.29, n.1, p.18-27, 1991.

4 A respeito da violência contra as mulheres em Ciudad Juárez, tomamos a liberdade de sugerir a pesquisa da antropóloga argentina Rita Segato, cujo trabalho é referência para o debate sobre esse tipo de fenômeno em áreas de fronteira. Segato, Rita. Território, soberania e crimes de segundo Estado: a escritura nos corpos das mulheres de Ciudad Juarez. *Revista Estudos Feministas*, v.13, n.2, 2005. Hoje, em áreas de fronteira do

Despossessão

para ou de volta do trabalho — fábricas de montagem de eletrônicos que abastecem o mercado dos Estados Unidos — nas zonas de miséria da fronteira do norte do México. Ao longo dos anos, muitos grupos de mulheres atravessaram o deserto e os arredores de Ciudad Juárez, onde mulheres foram estupradas, torturadas e assassinadas.[5] Enquanto os corpos são considerados dispensáveis, descartáveis e permanecem incontáveis, a noção de descartabilidade passa a ser associada aos conceitos e práticas da desumanização e do necropoder. Então, precisamos perguntar novamente com Mbembe: "Que lugar é dado à vida, à morte e ao corpo humano (em especial o corpo ferido ou massacrado)? Como eles estão inscritos na ordem do poder?".[6]

JB: Sim, essas questões são bastante críticas. E, quando analisamos essas listas, percebo que talvez não exista uma palavra única capaz de descrever todas essas circunstâncias. Estamos falando de descartabilidade? Ou de precariedade? E como descrevemos essas formas particulares de neoliberalismo que encontramos em vários países, incluindo os Estados Unidos e a Tailândia, em que um corpo pode ser hiperinstrumentalizado

---

Brasil com a Venezuela, como no estado de Rondônia, registram-se os mais altos índices de violência contra as mulheres, segundo os dados mais recentes do Fórum Nacional de Segurança Pública.

5 Muitos grupos de mulheres foram formados para protestar contra a indiferença das autoridades, como Nuestras Hijas de Regreso a Casa [Nossas filhas de volta para casa]. Em novembro de 2001, Las Mujeres de Negro [Mulheres de preto] protestaram no dia da celebração da Revolução Mexicana na cidade de Chihuahua. (N. A.)

6 Mbembe, Achille. *Necropolítica: biopoder, soberania, estado de exceção, política da morte.* Trad. Renata Santini. São Paulo: n-1 Edições, 2018. p.7 ["Necropolitics", *Public Culture*, v.15, n.1, p.11-40, 2003]; Mbembe, Achille. *On the Postcolony.* Berkeley: University of California Press, 2001.

por um curto período de tempo, para depois ser arbitrariamente considerado descartável e então usado novamente para fins instrumentais em outra tarefa específica de emprego, sendo depois mais uma vez abandonado? Temos que conseguir pensar a respeito dos ritmos arbitrários e violentos de ser instrumentalizado como um trabalho descartável: nunca saber sobre o futuro, estar sujeito a contratações e demissões arbitrárias, ter a força de trabalho sendo usada e explorada intensivamente e por longos períodos – períodos às vezes indefinidos, em que não se sabe quando pode aparecer um trabalho de novo. A sujeição a ritmos violentos como esses produz o sentido dominante de um "futuro quebrado", nas palavras de Lauren Berlant,[7] mas também uma desesperança radical que surge diante da ausência de assistência de saúde e de um sentido claro de permanência habitacional. Esse aspecto não pode ser capturado por estatísticas que estabelecem quem tem emprego e quem não tem, já que estamos falando a respeito de novas formas de emprego intensificadas pelas condições de precariedade que essas mesmas formas exploram.

---

7 Berlant, Lauren. *Cruel Optimism*. Durham, NC: Duke University Press, 2011.

14
A governamentalidade da "crise" e suas resistências

AA: As pessoas que vivem sob o verdadeiro regime de "crise" não têm apenas que se empenhar em uma luta diária contra a humilhação e as dificuldades econômicas, mas também são chamadas a suportar tudo isso sem esboçar qualquer sinal de indignação ou dissenso. A atual governamentalidade de "crise" é posta em ato por meios de produção e gestão da verdade. O neoliberalismo se estabelece como o único modo racional e viável de governança pela doutrina TINA ("There Is No Alternative" [não há alternativa]). Ao serem predicados por essa doutrina, os discursos sobre a crise se tornam uma maneira governamental de produzir e gerenciar (em vez de deter) a crise. "Crise" passa a ser um eterno estado de exceção que se torna uma regra e um senso comum, tornando o pensamento e a ação crítica redundantes, irracionais e, em última instância, não patrióticos. As fronteiras do espaço político são determinadas e naturalizadas conforme esse estado. Por isso, o neoliberalismo não é primariamente uma forma particular de gestão econômica, e sim uma racionalidade política e um modo de razão governamental que, ao mesmo tempo, constrói e gere o domínio que controla.

Judith Butler

JB: Acredito que você tem razão ao apontar como o discurso da "crise" já é uma maneira de "gerenciar" a crise. Se a representação midiática da situação na Grécia (e na Itália) continuar se amparando na ideia de "crise fiscal", podemos esperar uma solução gerenciadora da crise, que resulta no aumento do poder de gestão. Mas isso é muito diferente de um levante democrático radical que se oponha, por um lado, à completa disseminação da precariedade e, por outro lado, à acumulação de riqueza das minorias.

AA: Sem dúvida. Apesar dos esforços autoritários de produzir uma narrativa única e monolítica da crise, sem alternativas e sem heterodoxias, e apesar da coerção do Estado e da brutalidade policial, as pessoas procuram neutralizar o sentido de desesperança. As novas coletividades políticas, como o Indignados, da Espanha, o Outraged, da Grécia, e o Occupy Wall Street, nos Estados Unidos, procuram reivindicar a democracia a partir do capitalismo e do poder corporativo. Como foi o caso em diferentes lugares e em diversas instâncias de protesto, da Tahrir Square e os levantes no Oriente Médio e no norte da África à Puerta del Sol, na Espanha, a Praça Syntagma, na Grécia, e o Parque Zuccotti, nos Estados Unidos, as reuniões implicam, de maneira fundamental, a própria condição de permanecer corporalmente em público – nas vias urbanas. É justamente a prática da permanência, bastante ordinária e nada dramática, que, em vez de uma irrupção milagrosamente extraordinária, realiza aqui o registro vivo do acontecimento. A própria prática de *stasis* cria, ao mesmo tempo, um espaço de reflexão e um espaço de revolta, além de um comportamento afetivo de permanecer e de se posicionar. É a disposição corpórea e afetiva da *stasis* que descarrilha – mesmo que por um segundo – os pressupostos normativos sobre o que pode vir à existência como uma política publicamente inteligível e sensível.

Os apelos pela "democracia real" (isto é, uma democracia autoconstituída que se oponha à mercadológica), na medida em que são enfaticamente articulados no contexto de um movimento antiprecariedade, levam-nos à tentativa de desvendar as foraclusões que constituem o espaço da pólis. Quando o movimento Outraged organizou um cerco simbólico ao parlamento em Atenas, a fim de impedir um plano de austeridade que se estenderia por cinco anos, a polícia preventivamente fechou o espaço em torno do prédio com uma fortificação de ferro que tinha o objetivo de afastar os manifestantes. A imagem de um parlamento bloqueado, defendido contra a população para a qual deveria estar aberto a prestar contas, não representa nada menos do que o gesto soberano de fechar os espaços de dissenso, delegando seus opositores a uma externalidade provisória.

Esse conjunto de práticas (muito diversas) de dissenso não deriva de uma lógica política em particular, como também não implica formações políticas fixas e unificadas; são movimentos que parecem ser formados a partir de uma composição mista, que varia da esquerda radical anticapitalista e dos anarquistas a eurocéticos e nacionalistas. Se essas linhas de mobilização heterogêneas (em geral horizontais) contra a precariedade serão eventualmente estabilizadas ou se sofrerão mudanças repentinas – seja qual for a direção dessas possíveis mudanças – são questões que não podemos e a que não devemos responder agora. Exemplo disso é a posição do coletivo queer e feminista que participou das assembleias populares na Praça Syntagma, em Atenas, que divulgou orientações contrárias a referências idealizadas da democracia grega antiga, alertando as pessoas sobre o caráter patriarcal e autóctone da pólis clássica ateniense que excluía mulheres, estrangeiros e escravos. De maneira significativa, essa crítica feminista nos chama atenção para as demarcações e pretensões do pertencimento comunitário que torna possível o espaço de pluralidade social, especialmente nos casos de ações e ocupações coletivas e plurais.

Gostaria de acrescentar aqui que essa condição ordinária de corporalidade publicamente exposta nos contextos de dívida e despossessão é retratada de maneira bastante eloquente não apenas na atual onda de protestos, mas também na arte contemporânea. Mary Zygouri, na performance de rua *Liquidations*, realizada em Roma em 2010, teceu um comentário sobre a atual crise da dívida pública tomando emprestada, como mimese, a afetividade corpórea das manifestações políticas. Ela atravessou as ruas da cidade amarrada a uma carroça cheia de sacos pesados, seguida por outras pessoas e bloqueando o trânsito. Ao longo desse ritual extenuante de procissão, ela parava em frente a lugares sugestivos, como uma loja de penhores, onde pediu para penhorar um bem. Seu ato manifestou o processo laborioso de se empenhar na questão do que podemos fazer e desfazer – intelectual, política e artisticamente – à luz da atual governamentalidade de dívidas diferencialmente distribuídas e da descartabilidade atribuída socialmente, mas também à luz das diferentes formas de controle e soberania, condição de refugiado e apatridia.

JB: Certamente devemos perguntar o que podemos fazer, mas só podemos saber como responder a essa questão quando compreendermos o que está sendo feito e quais as melhores maneiras de intervir sobre essas formas de fazer, esses processos

Despossessão

em curso nos quais somos, por assim dizer, subjugados e subjetivados. Ocupar um espaço público sem dúvida é crucial, mas às vezes o próprio espaço público deve ser criado, mantido e defendido contra ataques militares ou aberto em meio a regimes de segurança. Às vezes não existe "rua" para protestar, já que aquilo de que se precisa é justamente esse espaço. Então temos, também, que permanecer críticas a respeito desses tipos de resistência política que não apenas ressignificam uma esfera pública existente, mas que também dissolvem as linhas que demarcam o privado – a empresa privada – e o público – a segurança pública. Temos que pensar novamente sobre essas zonas limítrofes, que incluem a internet, e que às vezes atravessam essas distinções e outras vezes restringem o poder militar e de segurança, o controle corporativo e a censura.

AA: É por meio de tais atos de corporalidade publicamente exposta, em todas as suas intensidades apaixonadas e vulneráveis, que surgem certas questões: quem deve habitar o espaço público, fazer parte e reivindicar o público, quando "público" se refere a um afeto compartilhado de conforto e pertencimento? Será que esse tipo de ação coletiva e aliança afetiva criam involuntariamente suas próprias suposições de localidade e pertencimento ou será que funcionam para interrogar esquemas de normatividade existentes – sejam eles econômicos, nacionais, de gênero ou sexo? Repensar as novas contingências e modalidades da democracia agonística significa também repensar e encenar as ordenações convencionais de participação, divisibilidade, parcialidade, pertencimento, relacionalidade e coabitação, para além dos modelos lineares de consenso político e reivindicações de semelhança e também dos esquemas categóricos de um sujeito pré-existente e pronto para tomar ação. Essa parece ser uma tarefa crítica para os movimentos globais Occupy de hoje: a necessidade de confirmar a importância de alianças e coabitações por categorias estabelecidas de identidade e diferença, além da própria polaridade identidade/diferença. A heterogeneidade dos corpos, ações, quadros e estados afetivos precários convida a e exige um contínuo trabalho político de engajamento, tradução e aliança, um trabalho que se afaste de compreensões essencialistas de representação e identidade e, claro, efetivamente se oponha aos discursos e práticas nacionalistas. Acredito que essas alianças de hoje estão diante do desafio de engajar em uma reconceitualização política interseccional de classe, raça, gênero, sexualidade e capacidade. No entanto, é crucial que tenhamos em mente que não é apenas a esquerda que vai às ruas contra as condições precárias de hoje na Europa, mas também, em algumas ocasiões, segmentos da direita e da extrema direita. Então, é claro, existe um limite às nossas alianças na medida em que vivemos em momentos históricos de perdas forçadas. A esse respeito, a luta contra a precariedade induzida deve ser, ao mesmo tempo, uma luta contra o racismo, o nacionalismo, as políticas anti-imigrantes, a misoginia, a homofobia e todas as formas de injustiça social. Minha tentativa aqui é a de acenar para um sentido de proximidade e reciprocidade que exija uma análise política envolvida em modos de anseio e pertencimento[1] que reconfigurem a socialidade do ponto de vista de um engajamento crítico de esquerda.

---

1 Athanasiou faz aqui um jogo entre os termos "pertencer" (*belonging*) e "ansiar" (*longing*) que os verbos em português não nos permitem reproduzir.

Despossessão

Então, a questão do que significa, hoje, fazer parte das políticas de rua como uma pós-identidade fraturada, dispersa, heterogênea e provisória se liga à questão do que ou de quem é capaz de ser inteligível, afetiva e sensivelmente compartilhado em público. O que significa fazer parte de uma ação plural em que não se é exatamente uma parte, dado que múltiplas coletividades e singularidades criam uma pluralidade social diferenciada, efêmera, incalculável e transponível que não pode ser reduzida à soma de suas partes? O que significa fazer parte não sendo exatamente uma parte e, ainda assim, sendo ligado à vida e às ações dos outros? No contexto das maneiras formativas e insuportáveis de "ser-com" (que incluem maneiras de proximidade não escolhidas), o conhecimento de que os limites do sujeito soberano constitui a precondição de sua agência e o fundamento de sua ação pode oferecer um ato performativo de engajamento político. Existe algo mais politicamente produtivo do que a desnaturalização da agência como propriedade gerada a partir de um "eu"?

Essas reflexões resumem um relato performativo das políticas de coalizão plurais (e não liberais pluralistas), nas quais a performatividade se liga à precariedade. Mas gostaria de insistir na *performatividade* da pluralidade antes da *ontologia* da pluralidade. O que está em jogo nesse relato especificamente performativo da pluralidade social é o engajamento perturbador com os horizontes ontológicos estabelecidos, em que os sujeitos são criados e re-criados como seres inteligíveis, vulneráveis e relacionais.

De qualquer forma, talvez esse seja o espírito — e o valor último, mas também a tarefa contínua — da performatividade democrática agonística: disseminar sua própria fixidez e suas próprias certezas, abraçar sua contingência e transitoriedade situadas, suspender suas clausuras que definem a ação e a subjetividade política e permanecer, em última instância, aberta às suas potencialidades incalculáveis e seus fracassos. Talvez essa perspectiva da democracia agonística ressoe o seu comprometimento, Judith, com uma concepção aberta e não teleológica de democracia — como você já disse uma vez: "a democracia é assegurada precisamente pela sua resistência à realização. Quaisquer que sejam os objetivos atingidos [...], a democracia permanece inatingível".[2] Seria possível encontrar também uma ressonância com uma poética kafkiana da não chegada. (Podemos lembrar que o "ultimíssimo dia" da parábola de Kafka está além de uma cronologia ou escatologia da realização.) Essa impossibilidade de atingir uma realização final (nos termos de uma totalização ou absorção por algo já estabelecido, uma esfera política normativa) lembra o que conversamos anteriormente a respeito do messiânico no performativo, mas, dessa vez, como um gesto específico de democracia radical. O que estou tentando pensar aqui não é uma atenuação cínica ou derrotista da luta, mas, pelo contrário, um ato de democracia como comprometimento com a incessante contestação: o engajamento contínuo com um desejo pelo político, amparado pela maior inatingibilidade. Acredito que isso talvez soe como um apelo por certo realismo utópico... e por mim tudo bem.

JB: Athena, agradeço profundamente por essa incrível descrição. Acho que apenas posso afirmar que agora estou pensando

---

2 Butler, Judith; Laclau, Ernesto; Žižek, Slavoj. *Contingency, Hegemony, Universality: Contemporary Dialogues on the Left*. London: Verso, 2000. p.268.

Despossessão

sobre essa importante trajetória não teleológica das novas lutas pela democracia radical. Pergunto-me como você vê seus próprios projetos filosóficos e teóricos se reunindo nesse período em que vive diariamente essa incrível agitação. Você poderia falar um pouco mais a respeito da relação entre essas suas palavras e, por exemplo, seu pensamento sobre heteronomia e/ou receptividade? Quais são os recursos utilizados quando a "resistência" à realização se torna o "fim" que não tem um fim? Acredito que esse não seja um modo de descrever a derrota, e sim uma abertura mais radical para o futuro.

Concordo plenamente com o que você diz a respeito do que vemos nas ruas como formas de performatividade plural. Cada um tem a sua própria história e suas próprias reivindicações, mas elas se ligam às histórias e reivindicações dos outros, de modo que a demanda coletiva surge dessas histórias singulares que se tornam plurais — esse tornar-se plural, no entanto, não apaga o pessoal e o singular. Isso significa provocar uma mudança sobre uma perspectiva de direitos que convoca e reforça formas de individualismo (e vê a ação social como nada além de um coletivo de indivíduos), em direção a uma forma social de agência, ou de performatividade na pluralidade.

15
Pôr em cena outro vocabulário:
ter e dever

AA: Como concluímos anteriormente em nossa conversa, a vulnerabilidade consiste na potencialidade vital e duradoura de ser afetado pelos outros e de estar em dívida com os outros. Mas esse termo também diz respeito a um potencial de injúria, o potencial das injúrias de injustiça que experimentamos e são desigualmente distribuídas. No entanto, deve haver outra maneira de pôr a vulnerabilidade em cena que não seja se tornar socialmente morto pela destituição política ou submeter os outros a uma vida de morte social. Essa outra maneira de viver exige, nas suas palavras, "um mundo no qual os meios coletivos protejam a vulnerabilidade corporal sem exatamente erradicá-la". A visão desse mundo, para você, levanta a questão das normas. Você escreve: "Certamente, algumas normas serão úteis na construção de tal mundo, mas elas serão normas que ninguém deterá, normas que terão que operar não pela normalização ou pela assimilação racial ou ética, mas se tornando lugares coletivos de um trabalho político contínuo".[1]

---

1 Butler, Judith. A questão da transformação social. In: *Desfazendo gênero*. Trad. Nathan Teixeira. São Paulo: Editora Unesp, 2022. p.387 [*Undoing Gender*. New York: Routledge, 2004. p.231].

Judith Butler

Acredito que o ponto fundamental aqui é a ausência de posse sobre as normas aplicadas.

Esse talvez seja um aspecto crucial de um projeto crítico que sustente e renove as políticas da justiça social em nossos tempos: a necessidade de repolitizar radicalmente o "pertencimento" pelo conhecimento e engajamento crítico com seus legados coloniais, capitalistas, patriarcais, heteronormativos, militaristas e nacionalistas étnicos, atuando performativamente para criar maneiras e lugares de pertencimento alternativos (como "lugares coletivos de um trabalho político contínuo") – maneiras que sejam diferentes daquelas implicadas pela governamentalidade da posse de propriedade e da posse de si.

Por meio dessas perspectivas, podemos entrever um possível significado para a despossessão que vá ao encontro e além do pertencimento – o desejo de pertencer ou não pertencer. Gostaria de sugerir que pertencimento não diz respeito somente a ser e ter, mas também ansiar: talvez ansiar uma maneira diferente de coabitar o político. Essa coabitação envolveria as dimensões performativo-afetivas que (in)formam os desejos políticos de pertencer – além da adesão (ou tentativa de aderir) às categorias de identidade que regulam a possibilidade de pertencimento, apesar dos e em dívida com os imperativos categóricos de pertencimento e com os limites que lhe são impostos.[2] Pergunto-me se podemos empregar produtivamente o (des) pertencimento performativo como uma alternativa às ontoepistemologias da identidade nos discursos críticos da despossessão.

---

2 Probyn, Elspeth. *Outside Belongings*. New York: Routledge, 1996; Bell, Vikki (Ed.). *Performativity and Belonging*. London: Sage, 1999; Khanna, Ranjana. Unbelonging: In Motion. *Differences*, v.21, n.1, p.109-23, 2010.

Despossessão

Esse aspecto talvez possa ser resumido à questão de se a violência ontológica que reduz a nós e aos outros a uma alteridade imprópria e inapropriada, a uma abjeção fundamental, pode ser contestada sem o recurso a uma lógica de ontologia. Não tenho muita certeza, mas acredito que possa haver uma razão para evitar esse tipo de lógica. O que você acha?

JB: Eu me pergunto o que você quer dizer por lógica de ontologia. Concordo que temos de elaborar um conjunto de alternativas para a despossessão que não reduzam um indivíduo proprietário a certa valorização ontológica. Da mesma forma, deve haver alternativas à precariedade que não se reduzam à "segurança". Em relação à propriedade, não tenho certeza se sou contra ou a favor da propriedade em si, mas parece que estamos de acordo com a noção de que o conflito ontológico entre indivíduo e a posse de propriedade faz parte do mesmo quadro que produz a precariedade. Se sempre que o indivíduo se torna proprietário ele supostamente realiza, naquele momento, alguma essência da individualidade humana, então o sistema da propriedade faz uma distinção entre quem tem e quem não tem. De fato, o direito a moradia – que trata de uma questão bastante diferente – deveria ser constituído a partir de uma base igualitária. No entanto, a desigualdade se dá quando a propriedade é ligada ontologicamente ao individualismo. E quando pensamos mais a fundo sobre a ideia de um direito igualitário a moradia, parece que esse direito implica uma "despossessão" da ontologia do individualismo possessivo ou de outras formas de individualismo vinculadas à posse de propriedade. De certa forma, a própria posse é despossuída do indivíduo, o que não faz dela uma posse coletiva. Essa condição atravessa o individual e o coletivo de maneiras que tendo a compreender como socialidade. É verdade que estou disposta a chamá-la de ontologia social, mas isso quer dizer apenas que não existe uma solução que não seja social para as questões de falta de moradia e abrigo. A necessidade e a demanda por moradia unem a exigência corporal específica a um apelo de organização da vida social e política em uma base igualitária que satisfaça essa necessidade. Uma vez que o social seja estabelecido como primário, é possível repensar a propriedade.

AA: Certamente. Pergunto-me, no entanto, se poderíamos avançar sobre esse argumento com a pergunta acerca de quais seriam as implicações políticas, em nosso presente histórico, de insistir em declarar um traço de perda capaz de inaugurar a subjetividade e, ao mesmo tempo, subverter as condições de despossessão do deslocamento territorial e da falta de moradia urbana. Essa simultaneidade acenaria para uma política capaz de se contrapor à despossessão neoliberal, que tem como premissa o fato de que "nós mesmos" estamos em dívida com os outros. À luz dos contextos contemporâneos brutais de desalojamento, falta de moradia, racismo e xenofobia, a questão da hospitalidade é um tema fundamental. A ética e a política da hospitalidade envolvem, ou melhor, exigem a despossessão: a despossessão da casa (como um signo provisório de falta de lugar afetivo) e a despossessão da identidade do dono da casa como o senhor daquele lugar. Hospedar exige abrir mão da própria identidade como senhor; exige ser despossuído de tudo que o define como dono-de-si, proprietário e senhor da casa. Essa "despossessão" da identidade do senhor não se separa da demanda do direito a moradia e a outras condições básicas de frutificação, mas, na verdade, está intimamente ligada a elas.

JB: Entendo como essa ideia de hospitalidade se tornou tão importante para o pensamento multiculturalista na Europa. No entanto, pergunto-me se a hospitalidade, compreendida como uma abertura em direção ao "hóspede", não pressupõe que aquele que recebe é dono, tem posse da casa ou do lar e quem, portanto, tem o direito de abrir a porta – um direito que pertence, em outras palavras, ao proprietário. Isso faz do hóspede uma pessoa que está apenas temporariamente morando no mesmo espaço que ele (como o *guestworker*, o trabalhador hóspede). E isso também parece sugerir que esse ato ou dádiva subjetiva tem origem no indivíduo e até mesmo corre o risco de aumentar seu narcisismo moral. É claro que "abrir mão da propriedade" seria uma questão completamente diferente, e vejo que você sugere isso. No entanto, talvez esse gesto ainda funcione em um nível "moral", isto é, não lida exatamente com o sistema das relações de propriedade nem com a diferença entre proprietários e não proprietários. Como poderia ser, por exemplo, mover-se da ideia de hospitalidade aos direitos dos sem-teto? Ou demandar que os governos forneçam moradias públicas economicamente viáveis ou abrigos habitáveis? Não é preciso trabalhar aqui com uma economia da dádiva, e sim com o desenvolvimento de um conjunto de obrigações (que forneçam abrigo e moradia para a população) sem as quais "nós", como pessoas, não poderíamos sequer ser pensados. Estou sugerindo que é importante lutar pela realização desse ideal, embora isso também queira dizer que, nesse caso, sou a favor de sua "realizabilidade". Pode ser que a realização de um ideal implique a des-realização de estruturas políticas e econômicas que supõem e aumentam a realidade dos sem-teto. Aqui, novamente, creio que estamos falando a respeito da produção de

Judith Butler

populações descartáveis que se tornou a marca característica dos regimes neoliberais.

Isso nos traz novamente ao problema da precariedade. Eu acrescentaria aqui o seguinte: o objetivo da luta contra a precariedade – tanto a precariedade prolongada quanto suas versões social e economicamente induzidas – não é valorizar a "segurança", já que, como vimos, é justamente em nome de uma racionalidade securitária que se aumenta a precariedade. Tanto a segurança quanto a precariedade participam do mesmo problema: o aumento de populações precárias racionaliza a expansão de regimes securitários. Não queremos aceitar a presunção promulgada pelas nações de primeiro mundo que se dizem "impermeáveis" e "invulneráveis", enquanto outras são marcadas como precárias. É claro, até essa autopresunção se inverte, já que as mesmas nações que insistem sobre a impermeabilidade (e aqui penso principalmente nos Estados Unidos) são justamente aquelas que declaram guerra em nome da defesa contra a própria vulnerabilidade. Então, essas nações "sabem" que são constituídas pela vulnerabilidade, mas pensam que têm poder para instaurar uma invulnerabilidade radical. É essa a lógica que precisa ser desfeita em toda luta contra a precariedade.

16
Trans-fronteiras afetivas e foraclusões do racismo de Estado

AA: Você acaba de mencionar a defesa narcisista contra a vulnerabilidade que estrutura as presunções das nações de primeiro mundo. Estamos, de fato, no domínio dos investimentos narcisistas que reforçam o racismo como um projeto de produção e rejeição do abjeto. Uma das formas como funciona a lógica – ou a "vida psíquica" – da precariedade é pela regulação e pela abjeção de determinados comportamentos e alianças afetivas, que a tornam ininteligível ou demasiadamente inteligível e, portanto, gerenciável. Podemos rastrear, na produção contínua das esferas públicas de precariedade, certos esquemas categóricos e prescritivos de raça, gênero, sexualidade e corporificação – esquemas que são empregados pelos regimes normativos para organizar, induzir, julgar e sustentar os afetos de maneira diferencial. Se, nas atuais condições de reestruturação neoliberal, estratos sociais cada vez mais amplos experimentam a vulnerabilidade e a imprevisibilidade afetivas, existem também parcelas da população que foram forçadas por muito tempo a aceitar a precariedade como a condição para a própria existência e o próprio pertencimento.

Judith Butler

Temos de perguntar que vínculos afetivos foram reconhecidos e quais deles permanecem foracluídos, ininteligíveis, não reconhecidos, repudiados ou censurados, por exemplo, pelas políticas de migração euro-atlânticas. O significa para um Estado-nação julgar, valorar, valorizar e sancionar o valor de certos atos de gênero e afetivos, e não de outros, por meio dessas políticas? A sujeição da população trans à violência legal e ilegal do Estado-nação é um desses casos. Victoria Arellano, uma imigrante transexual mexicana nos Estados Unidos, morreu em 2007 de complicações da aids depois de ter tido assistência médica negada enquanto estava sob a custódia do Serviço de Imigração e Controle de Aduana (Department of Immigration and Customs Enforcement). Esse exemplo, em que o Estado deixou uma pessoa morrer, impõe questões urgentes a respeito das normas e condições de inteligibilidade que dão valor a certos vínculos afetivos, enquanto outros são considerados irrelevantes ou ameaçadores para as políticas de imigração. Victoria Arellano foi transformada em uma figura mortal perversamente generificada e racializada, instrumentalizada para demarcar uma população nacional viável, vital e digna de viver. O que seria preciso para tornar sua vida, sua morte e sua abjeção passíveis de inteligibilidade e respons-abilidade? Que ideias do humano estão implicadas nas proibições, proteções e julgamentos relativos aos protocolos euro-atlânticos de imigração?

Em outros contextos de gestão de migração, o Estado liberal legisla em nome do universalismo republicano (ou seja, do estado de direito, da equidade, da cidadania secular e da tolerância) de maneiras que incorporam as subjetividades queer e feministas à corrente hegemônica do Estado-nação. Esse foi o caso

Despossessão

do oportunismo e do uso regulatório equivocado do discurso de direitos sexuais no Exame Holandês de Integração Cívica em 2006 (um exame considerado ilegal em 2008), quando o serviço de imigração exigiu que imigrantes e pessoas à procura de asilo vissem vídeos de mulheres nadando de *topless* e de homens gays se beijando como uma forma de avaliar a capacidade dessas pessoas de assimilação à cidadania liberal "tolerante". Ao escalar mulheres (na verdade, mulheres *nuas* como supostos ícones de emancipação ocidental) e pessoas gays como moedas de troca de sua tolerância paternalista, o poder do Estado liberal justificava simultaneamente posições sexistas e anti-imigração. Ao mesmo tempo, o liberalismo instrumentalizava os corpos políticos de mulheres e da comunidade queer para despolitizá-los, para despossuí-los das histórias de luta e dissenso e assegurar, para essas pessoas, os mecanismos gerenciadores e melodramáticos da *realpolitik* nacional. Articulada na forma de categorias morais de uma subjetividade dona de si, tolerada e tolerante, a liberdade sexual nas democracias liberais passa do lugar de luta contínua para um protocolo normativo de segurança, de inspeção, de ordem pública e de reconhecimento nacional. Por meio dessa representação equivocada, o "imigrante muçulmano na Europa" foi figurado — ou melhor, desfigurado, caracterizado — como retrógrado, obscurantista, misógino e homofóbico, enquanto o cidadão nacional é representado como uma pessoa de mente aberta, secularizada e tolerante por excelência. Em relação à performatividade política, não consigo ver nenhuma outra resposta ao reconhecimento errôneo dos direitos gays e dos direitos dos imigrantes que não seja uma constelação de aliança entre as comunidades antirracistas, imigrantes e queer capaz de se opor à violência da precariedade e da abjeção nos quadros nacionais e transnacionais.

Judith Butler

JB: Você mostrou aqui uma história que, ao mesmo tempo, diz respeito a uma pessoa em particular e a uma condição social, e seu relato nos convoca a repensar a questão da precariedade como uma experiência vivida de abjeção, mesmo quando se passa pelas possibilidades de agência performativa a partir e contra a precariedade. As leis anti-imigração que suspenderiam ou rejeitariam uma vida que precisa de assistência médica certamente são as mesmas que procuram regular que pessoa é – e que pessoa não é – capaz de viver no interior desse enquadramento nacional. Então, as rejeições, expulsões e atrasos indefinidos consistem em maneiras de acumular poder legal e policial para definir e regular o que será a nação e/ou o que conta como europeu (o que fica claro nas regulações de imigração da União Europeia). Essas regulações buscam garantir a hegemonia racial da branquitude, mas também ideais nacionais de pureza, dando mostras da resistência à heterogeneidade cultural da Europa que, é importante dizer, já é irreversível. Acredito que talvez seja preciso considerar as legislações de imigração como uma forma de controle e regulação biopolítica, uma forma que não precisa condenar uma vida (ou um conjunto de vidas) à morte para abandoná-la à morte. Talvez isso também possa ser compreendido a partir da noção de Achille Mbembe de necropolítica.[1] As leis de imigração, nesses contextos, são a gestão de uma morte lenta, para usar um termo de Lauren Berlant.[2]

---

1 Mbembe, Achille. *Necropolítica: biopoder, soberania, estado de exceção, política da morte*. Trad. Renata Santini. São Paulo: n-1 Edições, 2018 [Necropolitics. Trad. Libby Meintjes. *Public Culture*, v.15, n.1, 2003]; Mbembe, Achille. *On the Postcolony*. Berkeley: University of California Press, 2001.

2 Berlant, Lauren. Slow Death (Sovereignty, Obesity, Lateral Agency). *Critical Inquiry*, v.33, n.4, p.754-80, 2007. Ver também Berlant,

Despossessão

É preciso também levar em consideração, como você observa, a maneira como o "secular" funciona como uma convocação para a violência policial. Qualquer noção de universalismo que se entende como derivada – ou como uma restrição – do secular comete, de partida, uma contradição e uma violência, já que o não secular passa a não ser resguardado em seus termos – a não ser que e até que o não secular seja assimilado à norma secular, deixando para trás seus vestígios ou permanecendo na esfera "privada".

AA: Você mencionou Mbembe e me lembrei do que ele escreve a respeito da soberania como um controle que se exerce sobre a mortalidade. E quando você fez referência ao trabalho de Berlant sobre a gestão de uma morte lenta, pensei na forma como ela argumenta que os termos pelos quais a soberania é pensada e discutida derivam com muita frequência de uma noção de controle que se baseia em "privilégios reais ou estatais fundamentados pela teologia". Compreender o poder soberano dessa forma oculta a ampla variedade de processos historicamente envolvidos na administração e correção dos corpos. Da mesma maneira, uma noção de poder soberano que valoriza a autonomia individual autocontrolada encoraja relatos de agência heroicos, dramáticos e espetaculares.[3] Em certo sentido, essa discussão ecoa a interpretação foucaultiana da relação entre biopoder e soberania, na qual o biopoder, ao modelar e situar a soberania de maneira renovada (em vez de realocá-la), concentra-se em fazer viver ou deixar morrer. Em nosso atual momento

---

Lauren Berlant, Lauren. *Cruel Optimism*. Durham, NC: Duke University Press, 2011. (N. A.)

3 Ibid.

biopolítico de gestão de crise (em que as crises econômicas, não por acaso, são consideradas uma espécie de epidemia contagiosa que precisa ser administrada), a governamentalidade normativa se entrelaça a decretos soberanos, e a disciplina ordinária de proteção do bem-estar, que afirma a vida, é coextensiva à suspensão seletiva da lei e à descartabilidade letal dos corpos. Essa zona de indiferença entre "banalidade" e "exceção" — como quadros de poder que modelam as condições de humanidade — é a temporalidade de nossa atual crise neoliberal enquanto crise costumeira. Esse debate põe em questão o significado inabalável e crucial da vida corpórea — suas dores, prazeres e perspectivas de mudança –, nesse momento de sofrimento social induzido e banalizado. Creio que esse aspecto seja, na verdade, indispensável para nossas tentativas de inventar novas formas de pensar o presente.

JB: Acredito que, além de trazer Foucault para esse debate, precisamos também pensar com mais cuidado sobre a relação entre biopoder e neoliberalismo levando em consideração as novas formas de poder de segurança. Mas isso talvez seja trabalho para outros pesquisadores e pesquisadoras!

Talvez você já tenha ouvido falar sobre o trabalho de performance da artista contemporânea guatemalteca Regina José Galindo, que é muito conhecida pela obra *¿Quién puede borrar las huellas?* [Quem pode apagar os rastros?]. Nessa incrível obra de 2003, Galindo protestou contra a decisão da Suprema Corte da Guatemala que permitiu a candidatura presidencial de Efraín Ríos Montt, antigo membro da junta militar que promoveu vários assassinatos políticos. A obra começa com Galindo vestida de preto carregando uma bacia branca com sangue pelas ruas da Cidade da Guatemala. Nesse percurso, de tempos em tempos, ela repousa a bacia no chão, mergulha os pés nela – chamando atenção dos passantes – e continua sua procissão deixando um rastro de sangue por onde passa. O trajeto termina em frente ao Palácio Nacional, onde os ditadores militares governaram e onde, confrontada por uma linha de demarcação policial que impede a sua entrada no prédio, ela pousa a bacia em frente aos guardas e mergulha seus pés pela última vez, deixando-os frente a frente com duas pegadas fortes de sangue. As marcas encharcadas de sangue são, ao mesmo tempo, a maneira como Galindo "assina" seu trabalho, apresenta um protesto político e dedica um memorial aos mortos.

O título da obra é uma pergunta: "Quem pode apagar os rastros?". E as pegadas, a bacia e o próprio trajeto de Galindo põem essa pergunta em cena por meio de seu movimento e dos fluidos corporais. A pergunta pode tomar muitas formas e ser direcionada a várias pessoas e instituições – por exemplo, à lei: "Quem você pensa que é, Suprema Corte, para apagar oficialmente a brutalidade da ditadura ao declarar que esse homem e suas ações sanguinárias podem ser apagados e esquecidos, que ele pode surgir novamente *como se não houvesse crimes?*". A questão também pode ser feita a qualquer um e a todos que estão na rua enquanto ela caminha: "Você está de acordo com a decisão de deixar esse homem concorrer ao cargo mais alto do país, tornando-se cúmplice do apagamento de todos os rastros da violência brutal de que ele é responsável?". A questão também é para os próprios policiais: "Aqui está uma bacia de sangue que representa todas as pessoas que foram assassinadas no regime militar – vocês retirarão essa bacia ou ignorarão essas pegadas tão humanas pelas vias públicas, em frente aos gabinetes em que essas medidas foram tomadas? No fim das contas, vocês são tão diferentes assim dos ditadores militares?". A obra de Galindo nos confronta com a questão de que, quando um regime apaga a memória da brutalidade de um regime anterior, isso faz dele cúmplice do regime anterior, conduzindo uma guerra pela memória que funciona como exoneração de crimes brutais.

Boa parte das outras obras de Galindo exige que o público seja confrontado com detalhes corporais de um sofrimento agudo, dando atenção especial para as dimensões da vida corpórea de que a maioria das pessoas instintivamente se afasta. Essas obras animam os rastros de cenas de sofrimento socialmente induzidas: a tortura, a destruição lenta e repetitiva do corpo em determinadas formas de trabalho manual, a violência sexual. Com muita frequência, os fluidos entram em cena. Em *Confesión* [Confissão] (2007), ela é arrastada até um barril de óleo cheio d'água, em que um homem enorme afoga sua cabeça repetidamente. Seu corpo é vencido pela força do homem, e seus movimentos são conduzidos pela vontade dele. Em *Limpieza social* [Limpeza social] (2006), seu corpo é literalmente lavado por um jato d'água, encenando os atos cruéis de limpeza que os detentos sofrem quando chegam às prisões. No fim da performance, seu corpo, nu, jaz dobrado sobre o chão, mostrando o que é ser subjugada e tornada indefesa por uma força como essa. Como no caso do sangue e do transporte de sangue, ela faz que a mucosa vire um exemplo fascinante de abjeção em *Picacebollas* [Descascador de cebolas] (2006).

Quando se volta aos domínios abjetos ou escondidos da vida corpórea que a maior parte das pessoas preferiria não ver, Galindo rompe com as preferências de seu público, mostrando o que não gostariam ou não aceitariam, exercendo uma força artística própria. No entanto, a força de seu trabalho é pôr em cena e se opor à força violenta do Estado, do militarismo, do racismo, da exploração e da violência contra as mulheres. Nenhuma dessas preocupações políticas permanece como mera abstração no curso de suas performances: sua obra mostra como essas formas de opressão são registradas sobre e no corpo, o que elas extraem do corpo e como a história de derramamento de sangue lava o caminho daqueles que ficam. Trata-se de uma forma militante de arte corporal que procura, de novo e de novo, e por diferentes meios, romper com os tabus que mantêm a coerência da superfície amnésica de nossas vidas cotidianas. Um ataque à censura, à sedução do esquecimento, sua obra encena os rastros da memória nos e pelos movimentos do corpo, sua queda e seus tropeços. Seu corpo é tomado e deixado diante de forças que são fortes demais para se opor. O corpo é uma memória tornada viva como se, por assim dizer, houvesse uma mão por trás que ameaçasse apagar seus rastros. E, embora nessas obras o corpo sofra, caia e seja constrangido e submetido a forças externas, o corpo performático também persiste, sobrevive, mostra e atua sobre uma história social, memorializando as formas de perda e sofrimento contra a sedução do esquecer.[4]

---

4 O tradutor da edição argentina, Fernando Bogado, faz uma nota a respeito do uso do termo *memorializing*, que tomamos a liberdade de reproduzir: "*Memorializing* provém da expressão inglesa *memorialization*, conforme consta nos dicionários *Oxford English Dictionary* e *Merriam-Webster Dictionary*. O termo está relacionado ao objetivo de preservar a memória das vítimas de violência política, a um objetivo de construir memória a partir do presente. Certos trabalhos contemporâneos no âmbito da produção em castelhano retomam o termo: a pesquisadora argentina Carmen Guarini mobiliza essa noção em seus trabalhos de antropologia visual sobre cinema documental, especificamente para

Judith Butler

falar de processos argentinos de memorialização, como a instalação de placas indicando o nome das pessoas desaparecidas em diversos pontos da cidade de Buenos Aires, iniciativa de grupos como o Barrios por la Memoria y la Justicia [Bairros pela Memória e pela Justiça]. Por outro lado, o termo 'memorialização' é definido como um processo de criar memoriais públicos, como discutido em Brett, Sebastián; Bickford, Louis; Seveenko, Liz; Ríos, Marcela. *Memorialización y democracia: políticas de estado y acción civil.* Santiago: Flacso, 2007." Acrescentamos ainda que, na história brasileira, também podemos apontar para diferentes processos de memorialização, como o trabalho do Centro de Antropologia e Arqueologia Forense da Unifesp, que tem investigado as ossadas retiradas do cemitério de Perus, em São Paulo, a fim de identificar pessoas desaparecidas durante a ditadura civil-militar de 1964. Há outras inúmeras iniciativas, inclusive em relação a mortes e desaparecimentos mais recentes. Alguns exemplos que evocam o conceito mobilizado aqui: as Mães de Maio, em São Paulo, cujo movimento nasceu em 2006 a fim de reivindicar reconhecimento e luto público para mais de 400 jovens negros assassinados pela polícia de São Paulo; o projeto Rua Viva, em Belo Horizonte, que rebatizou 163 ruas da cidade com nomes de militantes contra a ditadura militar, substituindo nomes de pessoas ligadas ao regime de tortura, violência e opressão; as diferentes formas de homenagem e luto público pela vereadora Marielle Franco, executada em 2018 no Rio de Janeiro, em especial a distribuição e divulgação de placas de rua com o seu nome (a esse respeito, ver Rodrigues, Carla; Áquila, Tássia. A função política do luto por Marielle Franco. *Cadernos Gênero e Diversidade*, v.6, n.2, 2020); e principalmente a criação da Comissão Nacional da Verdade, além de seus equivalentes na esfera estadual, cujo trabalho recolheu depoimentos para um relatório que identificou mais de 370 torturadores em atuação durante a ditadura. No campo das artes, acreditamos que o melhor exemplo de memorialização está na obra *Parede da memória*, da artista plástica Rosana Paulino, que organiza um grande painel de fotos, impressas em patuás, com imagens de pessoas negras anônimas cujas vidas se inscrevem na memória coletiva a partir do trabalho da artista.

17
Enlutabilidade pública e política de memorialização

AA: Sua referência à arte de Regina José Galindo segue e contempla como a vida ordinária é frequentemente produzida e sustentada por formas de persistência excepcionais, extraordinárias e, no entanto, nada heroicas. Essa arte, de fato, mimetiza as complexidades da enlutabilidade e da memorialização pública de maneiras que demonstram como os modos de opressão tomam o corpo, como são registrados sobre e no corpo, embora esse corpo que performa resista e encene uma história e uma política do corpo distintas, uma *mise en scène* do registro histórico bastante diferente.

Uma outra performance veio à minha mente. Na obra intitulada *Eis to Onoma* [Em Nome de] (1ª Bienal de Arte Contemporânea de Tessalônica, Centro de Arte Contemporânea de Tessalônica, 2007), a artista Leda Papaconstantinou se engajou com heterotopias contemporâneas de memória não reclamada de uma forma que reconfigurou o trabalho precário de rememorar corpos, biografias e acontecimentos desmembrados – em sua ampla (extra)ordinariedade esquecível. Por meio de atos simbólicos de fazer votos nos cemitérios armênios e judaicos de Tessalônica, mas também de depositar uma coroa de flores em frente à loja de um comerciante paquistanês e de uma cabine telefônica em Atenas, ela reconheceu o esquecimento dos mortos de sua cidade, em conjunção às pessoas que passam por mortes sociais – os imigrantes, os trabalhadores sem documentos, os desempregados. Esse ato de rememoração implicado em formas de políticas de memória é produzido e predicado por uma constante contestação a respeito do que importa como digno de memória, de quem tem a memória e de quem ou o que é despossuído de direitos e ritos de rememoração. A artista performou em lugares em que as delimitações de rememoração "têm lugar" e são arquivadas no corpo da pólis: cemitérios de estrangeiros e vizinhanças de imigrantes, onde a ordinariedade da ordem pública rememorada se sustenta e perturba as memórias silenciosas e silenciadas. O gesto de testemunhar *em nome dos* outros (como no título da performance), especialmente de quem é constituído como estrangeiro às formas e normas de pertencimento memorial da nação, reconhece e ao mesmo tempo desloca as normas que autorizam a memória coletiva pelo nome próprio (do pai e da terra natal).

JB: Acredito que essas questões de memorialização também podem ser endereçadas a uma grande variedade de obras performáticas. A obra de Regina José Galindo pode dizer algo a esse respeito. Como as integrantes do movimento Women in Black, ela se veste de preto quando anda de pés descalços do Tribunal Constitucional ao Palácio Nacional, na Cidade da Guatemala. Sua caminhada, seria possível dizer, era justamente um esforço de tornar "memoráveis" ou "memorializáveis" as pessoas que foram assassinadas durante as ditaduras da década de 1980. Sua ação, tão chocante (que remete às tradições trágicas

Despossessão

nas quais há uma revelação repentina e desconcertante de sangue e de morte), ao mesmo tempo enluta, rememora e resiste.

Sem dúvida, sua performance é uma ação particular, mas ela age em nome das pessoas, tanto perdidas quanto presentes. Poderíamos retornar então à ideia de performatividade plural? Parece haver aqui pelo menos dois efeitos importantes: primeiro, articular a voz das pessoas a partir de uma singularidade histórica e da obstinação do corpo, uma voz que é, simultaneamente, individual e social; segundo, a reprodução da própria comunidade ou socialidade na medida em que os corpos se reúnem e "vivem juntos" nas ruas. Os corpos passam a encenar formas de interdependência, persistência, resistência e igualdade que os permitem criar um contra-*socius* em meio aos regimes de poder hierárquicos e regulatórios.[1]

---

1 No original, *counter-socius*, termo que se refere a subjetividades constituídas a partir da contestação das normas sociais, das convenções ou dos poderes estabelecidos.

18
Os afetos políticos da performatividade plural

AA: Voltando, então, à ideia de performatividade plural (como performatividade *da* pluralidade e performatividade *na* pluralidade), vamos tentar destrinchar seu acontecimento no contexto dos recentes movimentos e aglomerações que têm lugar no espaço público. O que pode significar para a atuação e o acontecimento do político a intercorporeidade agonística, a convivência das multidões nas cidades dia e noite e os protestos contra os abusos de poder dos governos? Como essa economia alternativa dos corpos fornece espaço para uma efetiva crítica do sujeito descorporificado e afetivamente puro da democracia liberal convencional? Como essa economia alternativa dos corpos fornece espaço para a objeção a regimes neoliberais de economicização da vida?

Na medida em que a crise se torna ordinária, uma das questões que precisamos pensar aqui é a seguinte: como nos tornamos "movidos" por meio da, pela, em direção à e contra a despossessão em nossos modos de sobreviver ao capitalismo global e seus ciclos de dívida? O que essa paixão social como movimento coletivo (*e-moção*) deve ao caráter ekstático da

215

subjetividade – de nossos seres fora de nós mesmos, em direção a e para além dos poderes pelos quais somos constituídos? Nas atuais circunstâncias de aglomerações intensas, as revoltas surgem como uma reconfiguração das operações normativas de poder que regulam os limites do desejável, do sensível e do inteligível. Nesse contexto, afeto significa afetar e ser afetado pela dinâmica corporal da relacionalidade, da mútua vulnerabilidade e da persistência. Envolve estar além de si: ser tomado, entregue, ser movido e movente. Podemos pensar, por exemplo, nos protestos da "Sexta-feira da ira" no Cairo e no "movimento dos Indignados" no sul da Europa. Ao fazer da praça um ponto de sociabilidade agonística, esses corpos em *stasis* e movimento criam o espaço não como localização física, mas um campo contingente de forças e fluxos, extensão e intensão. A expressão pública de indignação foi veementemente atacada nas cidades europeias por muitos analistas da elite como "imatura", não política ou emocional demais, defensores de uma necessária gestão racional e tecnocrática das cotações econômicas. A desvalorização política da paixão – em todas as suas conotações de feminilidade sentimental, de incivilidade primitiva e de classe trabalhadora não articulada – é a premissa da redução normativa e normalizadora do político à razão jurídica. O que esses encontros trazem à tona, no entanto, de Tahrir à Puerta del Sol e da Praça Syntagma ao Parque Zuccotti, é uma política que envolve e mobiliza as disposições afetivas, como a apreensão, a raiva, o desespero e, às vezes, a esperança – embora não seja uma esperança sentimental.

Ainda que as atuais configurações das políticas das ruas envolvam o corpo com suas injúrias e inovações, elas não o tomam como garantido. Na verdade, essas políticas levam em conta – assim como prestam contas a – as múltiplas maneiras como os corpos estão "para além deles mesmos", despossuídos e contidos fora deles mesmos. Os encontros públicos tornam possível e encenam a performatividade de uma agência corporificada, em que temos nossos corpos e lutamos pelo direito de reivindicá-los como "nossos" (quando, por exemplo, pedimos ao Estado que fique longe de nossos corpos). No entanto, nossa reivindicação não se refere apenas a corpos individuais, individualmente possuídos e autossuficientes, e sim à relacionalidade desses corpos. A participação nesses encontros – com suas múltiplas camadas e localidades – implica a vulnerabilidade corporal, o cansaço, o desânimo, a obrigação exaustiva de pagar as contas do capital, a violência ameaçadora da exploração de lucros, a exposição à repressão e à brutalidade policial (incluindo a exposição ao gás lacrimogêneo e a outros elementos químicos), mas também o compartilhamento de uma economia afetiva de motivação, persistência, adaptação e vitalidade. Se os encontros públicos dos protestos procuram abrir "espaços para respirar", os ataques injustificados da polícia com gás lacrimogêneo sufocante sobre os cidadãos desarmados põem, reiteradamente, a questão da suportabilidade e da vivibilidade. Na economia afetiva dessas agressões, a vulnerabilidade corporal e a revolta se tornam condições de possibilidade mútuas e indeterminadas. O corpo se torna a oportunidade para uma performatividade turbulenta que, ao mesmo tempo, restringe e possibilita a ação como situação e extensão corporificadas. Talvez essa interação múltipla dos corpos, em suas intensidades político-afetivas de empatia, gentileza e aliança – mas também de tensão, agonia e conflito – abra os caminhos para pensar a materialidade e a afetividade da agência corporificada, sem atribuir ao corpo um fundamento hipostasiado de agência e ação identitárias.

Essa conceitualização das políticas das ruas como uma perspectiva de nossa disposição para afetar o mundo à nossa volta e ser afetado por ele pode funcionar como uma oportunidade para pensar acerca da liberdade além dos limites do individualismo liberal. Essa representação de agência exige que questionemos as ideias liberais de liberdade e, mais especificamente, a noção de um sujeito descorporificado, afetivamente desimplicado e dono de si como parte integrante da concepção liberal de um sujeito humano livre. Isso também nos leva a perguntar: o que as histórias modernas de despossessão e suas formas relacionadas de governamentalidade têm a dizer sobre a representação liberal do sujeito como expressão paradigmática e descorporificada do humano? O que essas histórias dizem a respeito da representação da liberdade como uma forma inalienável de propriedade? Em síntese, eu me pergunto se essas novas configurações de mobilização e insurreição política, em suas diferentes (mas, também, muitas vezes similares) maneiras de ser atuado em várias partes do mundo contemporâneo, provocam uma mudança sobre nossos modos habituais de pensar politicamente sobre a liberdade pela perspectiva de materialidades e temporalidades corpóreas.

JB: Gosto muito da ideia do corpo como "oportunidade para uma performatividade turbulenta". E, sim, estamos diante da tarefa de repensar a liberdade, como muitas outras pessoas já fizeram. Acredito que você e eu consideramos a liberdade corpórea de uma forma plural, que envolve a compreensão de Arendt de "ação concertada" — mas recusando a maneira como ela distinguiu a esfera pública e a esfera privada. De fato, em

Despossessão

muitas das assembleias de rua e acampamentos nas praças, as necessidades físicas são organizadas em um espaço comum, e isso não quer dizer que todos os aspectos da vida privada estão expostos ali. A tenda realmente oferece uma sombra e um lugar de descanso provisórios. Mas se perguntarmos onde e como é possível encontrar liberdade nessa "vida na praça", parece que, ao mesmo tempo, existe uma dimensão de convivência ou coabitação, de resistência e ação. Isso também não significa que todas as pessoas agem juntas ou em uníssono, mas que há ações suficientes e entrelaçadas para registrar um efeito coletivo. O Eu não se dissolve nessa coletividade, mas sua própria situação se apresenta ou é "demonstrada" como vínculo com um padrão de condição social.

AA: Acredito que possamos mapear essas políticas corporais de "fazer espaço" e "tomar o espaço" em muitas manifestações de desobediência civil e lutas contra as configurações contemporâneas antidemocráticas de poder. De fato, ao mobilizar a "despossessão" como um campo de possibilidades para a política performativa, e mesmo proferindo o termo "despossessão" dando ênfase à historicidade de suas injúrias, precisamos nos voltar para a resistência contra as atuais condições de ocupação da Palestina, ainda que dificilmente possamos lhes fazer justiça. Precisamos, com essa atitude, prestar atenção às forças que surgem todos os dias nas vilas ao longo das barreiras que funcionam para consolidar a anexação das terras palestinas aos assentamentos israelenses e que todos os dias destroem vidas, casas, comunidades, terras e condições infraestruturais de subsistência e sociabilidade. Nas formas cotidianas de resistência, ou nos comícios semanais contra o muro levantado em Bil'in, as pessoas insistentemente alinham seus corpos contra o colonialismo de povoamento, o confisco de terras, o militarismo e as condições duradouras de destituição política e econômica. Em vez de implicar uma euforia transcendente de redenção ou de vontade efetiva, a "resistência" diz respeito às forças ordinárias e extraordinárias de persistir e sobreviver, surgindo e potencialmente dissolvendo as condições políticas de viver uma precariedade forçada. E, no entanto, em suas formas ordinárias e extraordinárias de sobrevivência, os palestinos não apenas sobrevivem meramente à ocupação e ao *apartheid* (embora não exista nada *meramente* dado em condições como essas) como também desafiam e perturbam as foraclusões coloniais da possibilidade de viver. "Sobrevivência", então, não consiste na pulsão existencial de uma mera autopreservação, e sim nas contingências coletivas de exercício da liberdade — mesmo que em condições estruturalmente privadas de liberdade —, que produzem contextos de sobrevivência como uma mera vida — ou uma vida nua.

JB: Poderíamos dizer que, nas condições de ocupação da Palestina, toda a população se encontra sem liberdade — tanto na Cisjordânia quanto em Gaza, assim como nos campos de refugiados. E, sem sombra de dúvida, devemos dizê-lo, já que a população palestina continua sob um regime permanente de colonização e subjugação. No entanto, os atos de liberdade que surgem na ocupação incluem formas de resistência ao exército israelense nos postos de controle, atos de não conformidade com as regulações impostas pelo Estado de Israel, modos de cruzar as fronteiras debaixo dos radares e maneiras de educação e publicação, especialmente na internet. Existem, assim, muitos momentos e muitas práticas de liberdade em situações de subjugação, mas isso não ameniza a objeção normativa à ocupação ou ao confisco de propriedades, às expulsões que ainda acontecem

Despossessão

e à cidadania comprometida e limitada dos assim chamados palestinos israelenses. Talvez este seja o momento de pensar se "resistência" realmente é o melhor nome para tal liberdade, já que ela não emana de uma parte da alma ou de uma dimensão da natureza da pessoa, mas, na verdade, articula-se ao ser exercida. No caso da ocupação, a resistência consiste em uma forma específica de liberdade – ou, pelo menos, é sua forma principal. "Liberdade" é, em si, um termo político, e quando lemos "Palestina livre"["Free Palestine"], entendemos que se trata de uma convocação para dar fim ao regime colonial e liberar o povo palestino desses grilhões. Mas é muito importante compreender os termos dessa transição – é uma entrada em uma economia política liberal, uma condição do Estado-nação ou, simplesmente, uma "liberação" para a autodeterminação como uma categoria política? A autodeterminação designa um processo cujo fim não é conhecido (e cuja "não realizabilidade" talvez seja uma maneira de caracterizar esse processo contínuo e aberto). É claro que ninguém deve, a partir de fora, prescrever a forma política que o povo palestino autodeterminado poderia criar para si próprio, mas seja qual for essa forma, ela deve ser legitimada por um processo de autodeterminação. E esse processo só pode permanecer legítimo na medida em que continua acontecendo. Então, podemos convocar essa liberdade, como também alocar a demanda absoluta de "se emancipar" do regime colonial, mas no exato momento em que começamos a pensar no próximo passo, temos a obrigação de não conceitualizar ou prescrever uma ação em nome daqueles que viverão e farão essa nova forma juntos.

AA: Essa é uma questão muito complexa. Você me leva a pensar a respeito da importância de promover um pensamento

Judith Butler

crítico sobre a questão do desejo de liberdade, especialmente em relação a atos de liberdade política, apesar dos problemas inerentes ao processo de formulação dos discursos de liberdade. Aqui, encontramos a importância da noção foucaultiana de resistência, como também de sua compreensão bastante criativa da relação entre liberdade e poder. "Mais do que uma liberdade essencial", escreve Foucault, "seria melhor falar de um 'agonismo' – de uma relação que é, ao mesmo tempo, de incitação recíproca e de luta".[1]

Tenho a impressão de que toda a nossa conversa tem como motivo subjacente a questão da liberdade com os outros como uma liberdade em relação à violência inerente à liberdade da vontade individual. Pensamos a respeito da responsabilidade política que surge quando um sujeito soberano individualista é efetivamente desafiado e quando suas diferenças constitutivas desafiam os pré-requisitos para a própria subjetividade. Parece-me também que é crucial trabalhar pela formulação de projetos de ação concentrada e de liberdade coletiva, para pôr em ato uma liberdade com os outros capaz de reter e se empenhar com a força crítica da diferença. Será que não estamos ainda ligadas à urgência e à dificuldade desse projeto político?

---

1 Tradução modificada. Dreyfus, Hubert L.; Rabinow, Paul (Eds.). O sujeito e o poder. In: *Michel Foucault: uma trajetória filosófica*. Trad. Vera Porto-carrero. Rio de Janeiro: Forense Universitária, 1995. p.244-5 [The Subject and Power. In: Dreyfus, Hubert L.; Rabinow, Paul (Eds.). *Michel Foucault: Beyond Structuralism and Hermeneutics*. Chicago: University of Chicago Press, 1982. p.221-2].

19
Dilemas da solidariedade

AA: Então, a pergunta é: como lutamos pelo desejo de existir e ser livres quando o desejo não é exatamente "nosso" e, de fato, nunca pode ser exclusivamente "nosso"? Essa pergunta se liga à aporia da solidariedade como uma maneira injuriosa – embora possibilitadora – de "ação concertada" nas condições de despossessão (de propriedades, terras, direitos, vida e relacionalidade). Um exemplo aqui são as múltiplas formas de aliança e solidariedade – entre palestinos, palestinos israelenses, dissidentes israelenses e ativistas internacionais – que surgiram em relação à ocupação da Palestina; o que se revela, aqui, são seus limites e possibilidades, suas perplexidades viabilizantes e suas falhas assustadoras. Pelas manifestações de solidariedade contra o muro do *apartheid*, ou pela campanha de Boicote, Desinvestimento e Sanções (BDS), há um crescente movimento internacional pela libertação da Palestina que busca afirmar sua associação com a luta do povo palestino.

Talvez exista algo que possamos aprender com as coletividades de ação política como a Palestinos Queer pela BDS (PQBDS), que se preocupam justamente com os vínculos orgânicos entre a resistência anticolonial e as lutas contra a normatividade de gênero e sexualidade. Mais uma vez, a questão da solidariedade não consiste em produzir identidades formadas pela injúria e determinar que modo de injustiça – sexual, de precariedade econômica ou de ocupação – é o pior de todos, e sim em abrir um espaço específico para o desmantelamento das convenções e foraclusões sociais que impossibilitam determinadas vidas e desejos. A solidariedade está, de maneira inevitável, entrelaçada à violência normativa inerente aos modos como imaginamos e reconhecemos uma vida viável de acordo com os pré-requisitos dados de inteligibilidade. Ao mesmo tempo, no entanto, a solidariedade fornece de algum modo um espaço para expor – e talvez exceder – esses limites prescritos.

Os movimentos atuais de solidariedade se deparam com o desafio de construir alianças políticas e afetivas de maneiras que permitam que a própria "ontologia", entendida como uma demarcação biopolítica do escopo do humano, passe por uma transformação radical. Se a linguagem disponível de solidariedade fracassa em resistir às violações inerentes aos processos de formulação do discurso sobre a alteridade, somos levadas a inventar novas gramáticas para teorizar, agir e fazer coalizões.

JB: Tenho certeza que sim! Tenho a impressão de que os Palestinos Queer pela BDS estão mapeando a complexidade de uma aliança política contemporânea. É claro que eles se opõem à homofobia, mas também é verdade que eles se recusam a aceitar a ideia de que a homofobia se limita ao domínio árabe ou, mais especificamente, palestino. Assim, eles têm de recusar os quadros acríticos dos direitos humanos gays e lésbicos que supõem levar direitos emancipatórios do Ocidente ao Oriente e do Norte para o Sul. Ao mesmo tempo, seria impossível para os PQBDS fazer alianças com os israelenses que não desafiassem efetivamente as bases do Estado-nação de Israel ou as maneiras como seu surgimento e sua permanência se ampararam na ocupação, expulsão e privação de direitos daqueles que, hoje, são milhões de palestinos. Então, o movimento PQBDS não é apenas contra a ocupação, mas também a favor dos direitos dos refugiados expulsos, contra o confisco de terras que aconteceu e continua acontecendo e oposto à ameaça de direitos dos palestinos, que são reconhecidos apenas parcialmente como cidadãos israelenses.

Portanto, o movimento parece se opor de maneira igualitária e enfática à homofobia e afirmar a campanha de Boicote, Desinvestimento e Sanções como a melhor e mais ampla iniciativa palestina até hoje. Como resultado, os dois enquadramentos são reunidos de maneira em certa medida inédita — especialmente quando o Estado de Israel procura, por meio de campanhas publicitárias, se "vender" como um lugar *gay-friendly*. O apelo direcionado à população lésbica, gay, queer e transgênero consiste em convidar ao e dar apoio ao Estado de Israel como um lugar em que se pode desfrutar a emancipação. Esse apelo, no entanto, não leva em conta quem é e quem não é promovido pelo Estado, de forma que quem compra essa ideia na verdade corrobora uma versão estreita e identitária dos direitos gays, rejeitando qualquer possibilidade de aliança com as pessoas não promovidas e, assim, aceitando que essa forma de emancipação é efetivamente obtida por uma maneira mais ampla de privação de direitos. Os palestinos que integram o movimento PQBDS não estão "vivendo uma contradição", e sim mobilizando um antagonismo para articular um conjunto mais amplo de relações interdependentes. Eles nos convocam

Judith Butler

a pensar, como você diz, a respeito da insuficiência dos movimentos sociais que compram sua própria reivindicação de uma vida vivível, aceitando e se tornando parte da reprodução das vidas não vivíveis de outras pessoas. Seja qual for a noção de igualdade e interdependência que temos em mente, essa noção só pode vir à existência por uma ação concertada a que podemos chamar de liberdade ou resistência, a depender do contexto e do léxico. Isso também significa expandir nossas alianças afetivas para além das reivindicações de semelhança e comunidade.

20
A universidade, as humanidades e o *book bloc*

AA: O caráter corporativo da educação superior, espalhado por todo o mundo, baseia-se na concepção de conhecimento como propriedade, mercadoria e bem comercial mensurável que precisa estar imediatamente disponível às agendas das elites empresariais globais. À medida que as universidades têm de prestar contas à governamentalidade corporativa por meio de regimes de comercialização do conhecimento, de avaliações quantitativas, de auditabilidade e de desempenho, as humanidades e as ciências sociais (especialmente aquelas que fazem uso de epistemologias críticas) representam um risco – não apenas econômico, mas também político –, já que o pensamento crítico é considerado um excedente perigoso para a universidade empresarial. Em um contexto de comercialização e eficiência de resultados, as humanidades se tornam redundantes. Eu me pergunto: como poderíamos imaginar um futuro alternativo para a universidade em tempos tão anti-intelectuais? Que tipo de crítica poderia ser articulada para fazer sentido e elaborar uma reivindicação de humanidades alternativas (em ambos os sentidos da palavra: alternativo à "alta cultura", essência do humanismo e da humanidade, e como uma conceitualização alternativa do que conta como humano)? Tenho a impressão de que precisamos urgentemente recuperar e reivindicar uma universidade incondicional[1] que não seja comercializável, embora seja preciso lembrar que as universidades sempre foram lugares de poder, hierarquias, desigualdades e assimetrias político-econômicas. Então, há aqui uma pergunta sobre o que exatamente reivindicamos. Além disso, há uma pergunta a respeito de que tipo de pesquisa crítica seria exigida por essa reivindicação no campo das humanidades e pós-humanidades.

Como sabemos, muitas cidades europeias e norte--americanas pulsaram recentemente com protestos em massa em suas universidades, contra o custo das mensalidades, contra os regimes de governança universitários e contra a mercantilização da educação superior. Uma das formas de protesto mais impressionantes foi, sem dúvida, o *book bloc*, em que os manifestantes marcharam pelas ruas de Roma, Londres e outras cidades com escudos de capas de livros em defesa das universidades e das bibliotecas públicas. A lista de livros que

---

1 A expressão "universidade incondicional" ou "universidade sem condição" faz referência ao título da conferência proferida por Jacques Derrida na Universidade de Stanford, posteriormente publicada em livro (Derrida, Jacques. *A universidade sem condição*. Trad. Evando Nascimento. São Paulo: Estação Liberdade, 2003). Ali, o filósofo retoma a aporia da condicionalidade, trabalhada desde o seu debate sobre a hospitalidade incondicional ou sem condição. Trata-se de conferir à universidade o lugar de produção de conhecimento sem condicionalidades — restrições econômicas, interesses privados etc. — e ao mesmo tempo apontar para a ausência de condição de sustentar um projeto universitário com esses valores quando as universidades estão ameaçadas de sucumbir aos interesses do capital.

aparecem nessas manifestações inclui: *Dialética negativa*, de Theodor Adorno, *Um teto todo seu*, de Virginia Woolf, *Frankenstein*, de Mary Shelley, *Esperando Godot*, de Samuel Beckett, e seu livro *Problemas de gênero*. Uma das imagens que circulou em vários blogs resume, para mim, de maneira notavelmente eloquente o espírito — ou o espectro — de nosso tempo: um policial levantando seu cassetete contra um manifestante que empunhava um cartaz com o *Espectros de Marx*, de Derrida. Essa imagem de um policial armado caçando os espectros de Marx nos faz lembrar que esses fantasmas reincidentes ainda assombram o capitalismo; faz lembrar, acima de tudo, que às vezes temos de lutar *por* nossos livros, *com* nossos livros.

JB: Tempos atrás, muitas pessoas faziam críticas a livros como o de Derrida. Esse livro pode nos dar as ferramentas necessária para a política? Será que ele é político o suficiente? Agora, no entanto, a questão é se ainda existirão espaços institucionais para debates como esses e se ainda teremos a chance de ler livros como os de Derrida. Pode ser que o conhecimento comece a circular de maneira ainda mais radical fora da universidade, e embora existam muitas razões para desejar o deslocamento da universidade como centro do conhecimento, seria uma perda inimaginável se ela se tornasse uma indústria privada que alinha seus estudos no trilho de objetivos mercadológicos. Onde e quando nos engajamos em qualquer tipo de crítica aos valores mercadológicos, aos modelos contingentes e restritivos de racionalidade que pairam sob o nome do neoliberalismo? Estamos diante de um terrível dilema em que, para sublinhar a importância da teoria crítica e do pensamento crítico em geral, temos que "provar seu potencial para o mercado". Infelizmente, é muito comum levar em conta um argumento mercadológico para se opor ao mercado (isso acontece o tempo todo), mas será que a teoria crítica precisa fazer uma analogia de si mesma para se contrapor ao mercado de ações, para se sustentar como uma dimensão fundamentada da universidade? Em certo sentido, estamos comprando uma briga com os valores em um campo no qual o mercado é a única medida de valor. Tenho a impressão de que esse é um dos motivos pelos quais as pessoas tomaram as ruas. Porque o problema, como você sabe, não é apenas que o pensamento crítico corre o risco de se tornar infundado no interior das instituições movidas pelos valores de mercado, e sim que os direitos básicos e os títulos também foram desgastados nesse contexto, remodelados como "investimentos" ou "bens de consumo".

Em certo sentido, a situação de trabalhadores acadêmicos sem estabilidade cria uma ponte entre a crise institucional do conhecimento e a produção de populações descartáveis. Porque as pessoas capacitadas a ensinar nas áreas de humanidades, linguagem ou pensamento crítico podem muito bem ser entendidas como classes trabalhadoras substituíveis. Nos Estados Unidos, o número de trabalhadores da academia que não têm estabilidade no emprego cresceu exponencialmente nos últimos anos. E quando há uma exigência por parte das leis estatais ou regulamentações sindicais para que o corpo docente não titular se torne elegível a mudanças que estabeleçam algum tipo de estabilidade, os empregadores geralmente se recusam a renovar os contratos, desligando os trabalhadores quando esses poderiam ter uma oportunidade de estabilidade. Podemos, então, ver como as universidades participam ativamente das decisões acerca de quais contingentes populacionais serão – e quais não serão – descartados. E os estudantes que estão chegando às

Despossessão

universidades, quando veem os cursos de línguas sendo cortados, quando percebem que estão em disciplinas lotadas ou se dão conta de que suas especializações não serão possíveis, reconhecem que sua vida e sua educação estão sendo sacrificadas em nome de cálculos mercadológicos. Quando a universidade se torna insustentável, como é cada vez mais o caso nos Estados Unidos, vemos também como esse é um espaço que reproduz e intensifica rígidas estratificações de classe.

Por isso, perguntamo-nos por que estudantes e trabalhadores estão indo às ruas, formando alianças entre si, tomando e ocupando os prédios das universidades em um esforço para chamar atenção da mídia para a questão: quem pode entrar nos corredores da universidade? Na verdade, as questões são muitas: quem pode pagar por permanência? Quem pode dar conta de ensinar em condições insustentáveis? E quem pode dar conta de viver uma vida na qual o trabalho se torna dispensável e o valor do conhecimento não é devidamente reconhecido nos padrões do mercado? O resultado para todas essas questões, sem dúvida, é a raiva. Mas podemos nos perguntar, de maneira mais precisa: como criar um sentido para os corpos que se encontram nas ruas, que ocupam os prédios, que se encontram em praças públicas ou pelas rotas que delineiam o centro das cidades?

21
Espaços da aparência, políticas da exposição

AA: Tenho a impressão de que nossa conversa, Judith, talvez seja de maneira geral um gesto insistente em direção à questão — e ao trabalho afetivo — da agência crítica, em seu entrelaçamento com múltiplas formas de fazer, desfazer, ser desfeito e vir a ser, assim como múltiplas formas de se entregar e desistir. Ao procurar mapear a topologia diferencial e multiplamente situada da ação radical transformadora, lidamos com a questão de como os regimes de despossessão são deslocados em um trabalho de sentir, imaginar, vislumbrar e forjar uma alternativa para o presente. Quando somos afetados pela despossessão, o afeto da despossessão não é exatamente nosso. E quando nos tornamos vulneráveis à despossessão de outra pessoa, ou por outra despossessão, engajamo-nos em uma comunalidade de resistência política e de ação transformadora — mesmo que não deixemos nossas alianças políticas cederem aos apelos de semelhança e comunidade. Assim, nossa preocupação central são os processos pelos quais sujeitos corporificados produzem e simultaneamente foracluem a violência dos sistemas regulatórios neocoloniais, capitalistas, raciais, de gênero e de sexualidade, que se apresentam em um ato de apagamento. Esse é o desafio em levar em conta as políticas da subjetividade precária e despossuída, reivindicando o direito e o desejo de uma alternativa política.

Ao procurar dar sentido às potencialidades dos corpos que se reúnem nas ruas e praças pelo mundo ou que travam lutas pela educação pública, é possível rastrear de que maneira essas aglomerações multiplamente situadas podem servir não para reestabelecer uma política comunitária local que seja nostálgica, e sim para deslocar concepções comuns da "esfera pública" ou da pólis, entendida como uma localização especial particular da vida política. A perspectiva de uma política afetiva do performativo que buscamos aqui certamente ressoa a formulação arendtiana do "espaço de aparência"[1] que vem a existir por meio da ação política. Para nossos propósitos, seria interessante mudar dos *espaços de aparência* para a *espacialização da aparência*. Nesse contexto, a noção de espaço não deve, de forma alguma, ser tomada como sinônimo de fixidez, e sim implicar um plano performativo de "ocupar lugar". Assim, a "aparência" não se reduz a um fenômeno de superfície; pelo contrário, ela se abre para a preocupação sobre o que é performatizado de maneiras que propiciem o que não é passível de performatividade. Acredito que haja aqui um conjunto de perguntas: como a "aparência" se relaciona a "espacialização", "ocupar o espaço" e "ocupar lugar" quando se trata dos corpos nas ruas? Como a aparência pode se relacionar à exposição – exposição

---

1 Arendt, Hannah. *A condição humana*. Trad. Roberto Raposo. Posfácio Celso Lafer. Rio de Janeiro: Forense Universitária, 2007. p.210-1 [*The Human Condition*. Chicago: University of Chicago Press, 1958. p.198-9].

Despossessão

à violência da pólis mas também exposição a outros lugares e outras políticas?

No entanto, se não pode haver nenhum campo de aparência possível que se separe da normatividade social e, portanto, da invisibilidade imposta, o desafio passa a ser mobilizar a "aparência" sem tomar por garantidas suas premissas epistemológicas naturalizadas – visibilidade, transparência –, que foram amplamente usadas para reificar a subjetividade política. É pela estabilização das normas de gênero, sexualidade, nacionalidade, raça, capacidade, terras e posse de capital que os sujeitos são interpelados de modo a corresponder às condições de possibilidade para que suas aparências sejam reconhecidas como humanas. Então, qualquer um – quer dizer, qualquer corpo – pode aparecer? Como as formas particulares de engajamento corpóreo se tornam disponíveis às culturas normativas de inteligibilidade, sensibilidade e vivibilidade? A questão a respeito de quem pode aparecer se complica – e frequentemente é perturbada – quando o campo da aparência se depara com um estranho, cuja aparição e reivindicação no espaço público são tomadas como uma dissonância gritante; complica-se quando uma reunião é confrontada com a força disjuntiva e performativa da pura especificidade sócio-histórica. Podemos considerar, por exemplo, que o acampamento de protesto na Universidade do Novo México se chama "(*Un*)occupy Albuquerque" [(*Des*)ocupa Albuquerque] para chamar atenção para o fato de que aquela terra ocupada é uma terra indígena. Eu diria que essa é, realmente, uma dissonância particularmente criativa, que faz que os próprios fundamentos conceituais da ocupação prestem contas com a diferença histórica e, assim, com as condições de possibilidade materiais que lhes são próprias. Creio que podemos pensar nessa abertura

235

à possibilidade como algo crucial para desejar o acontecimento de uma democracia radical e agonística.

JB: De certa maneira, a questão aqui é muito ampla, já que existem muitos tipos de encontros: os encontros revolucionários na Tunísia e no Egito e as manifestações contra a hegemonia emergente do neoliberalismo na educação superior que temos visto em Atenas, Roma, Londres, Wisconsin e Berkeley, para listar apenas alguns exemplos. E existem também as manifestações que não têm demandas imediatas, como Occupy Wall Street e, é claro, as revoltas no Reino Unido, que também não têm demandas explícitas mas cuja importância política não pode ser subestimada quando levamos em conta a extensão da pobreza e do desemprego entre seus participantes. Quando as pessoas tomam as ruas juntas, elas formam uma espécie de corpo político, e mesmo que esse corpo político não fale em uma voz única — mesmo quando não fala nada —, ele ainda se forma, afirmando sua presença como uma vida plural e obstinada. Qual é o significado político dessa reunião de corpos que para o trânsito e chama atenção, de corpos que se movem não como indivíduos, mas como um tipo de movimento social? Não é preciso haver uma organização vinda de cima (o pressuposto leninista), e não precisa haver uma única mensagem (a presunção logocêntrica) para que os corpos reunidos exerçam um tipo de força performativa no domínio público. O "Nós estamos aqui" ["*We are here*"] que traduz essa presença corporal coletiva pode ser relido como "Nós *ainda* estamos aqui", querendo dizer: "Nós ainda não fomos descartados. Nós não passamos silenciosamente para as sombras da vida pública: não nos tornamos a ausência gritante que estrutura sua vida pública". Em certo sentido, a reunião coletiva dos corpos é um

Despossessão

exercício da vontade popular e um modo de afirmar, de maneira corporal, um dos fundamentos mais básicos da democracia – notadamente, que as instituições públicas e políticas estão vinculadas para representar o povo e estabelecer a igualdade como um pressuposto para a existência social e política. Assim, quando essas instituições se estruturam de tal forma que certas populações se tornam dispensáveis, são interpeladas como descartáveis, privadas de futuro, educação, trabalhos estáveis e satisfatórios ou de algo que se possa chamar de casa, então com certeza os encontros cumprem outra função: não apenas de justificar a raiva, mas também de afirmar os princípios de igualdade na própria organização social de que participam. Os corpos nas ruas são precários – estão expostos à força policial e, às vezes, a um sofrimento físico contínuo. Mas esses corpos também são obstinados e persistentes, insistindo em um "aqui e agora" contínuo e coletivo e, nessas formas atuais, organizando-se sem hierarquia, exemplo dos princípios de igualdade que exigem das instituições públicas. Dessa forma, esses corpos performativamente põem em cena uma mensagem, mesmo quando dormem em público, mesmo quando organizam métodos coletivos para limpar os espaços que ocupam – como aconteceu na Tahrir Square e em Wall Street. Se há uma multidão, há também um acontecimento midiático que se forma ao longo do tempo e do espaço, convocando as manifestações para que um conjunto de conexões globais seja articulado, um sentido diferente do global do "mercado globalizado". E um conjunto de valores está sendo posto em cena na forma de uma resistência coletiva: a defesa da nossa precariedade coletiva e a nossa persistência em produzir a igualdade e recusar que se tornem dispensáveis as múltiplas vozes e quem não tem voz.

Referências bibliográficas

ADORNO, Theodor. *Minima Moralia*: reflexões a partir da vida lesada. Trad. Gabriel Cohn. São Paulo: Beco do Azougue, 2008 [*Minima Moralia*: Reflections from Damaged Life. Trad. E. F. Jephcott. London: Verso, 1996].

ARENDT, Hannah. *Eichmann em Jerusalém*. Trad. José Rubens Siqueira. São Paulo: Companhia das Letras, 1999 [*Eichmann in Jerusalem*: A Report on the Banality of Evil. New York: Viking Press, 1963].

ARENDT, Hannah. *A condição humana*. Trad. Roberto Raposo. Posfácio Celso Lafer. Rio de Janeiro: Forense Universitária, 2007 [*The Human Condition*. Chicago: University of Chicago Press, 1958].

ARENDT, Hannah. *Origens do totalitarismo*. São Paulo: Companhia das Letras, 2012 [*The Origins of Totalitarianism*. San Diego, New York: Harcourt, 1973].

ASAD, Talal. *On Suicide Bombing*. New York: Columbia University Press, 2007.

ATHANASIOU, Athena. Technologies of Humanness, Aporias of Biopolitics, and the Cut Body of Humanity. *Differences: A Journal of Feminist Cultural Studies*, v.14, n.1, p.125-62, 2003.

BALES, Kevin. *Disposable People*: New Slavery in the Global Economy. Berkeley: University of California Press, 1999.

BELL, Vikki (Ed.). *Performativity and Belonging*. London: Sage, 1999.

BERLANT, Lauren. Slow Death (Sovereignty, Obesity, Lateral Agency). *Critical Inquiry*, v.33, n.4, p.754-80, 2007.

BERLANT, Lauren. *Cruel Optimism*. Durham, NC: Duke University Press, 2011.

BHANDAR, Brenna. Plasticity and Post-colonial Recognition: "Owning, Knowing and Being". *Law and Critique*, v.22, p.227-49, 2011.

BLANCHOT, Maurice. *The Unavowable Community*. Trad. Pierre Joris. Tarrytown, NY: Station Hill Press, 1988.

BROWN, Wendy. *States of Injury*: Power and Freedom in Late Modernity. Princeton: Princeton University Press, 1995.

BROWN, Wendy. Neo-liberalism and the End of Liberal Democracy. *Theory & Event*, v.7, n.1, 2003.

BROWN, Wendy. *Regulating Aversion*: Tolerance in the Age of Identity and Empire. Princeton: Princeton University Press, 2006.

BUTLER, Judith. *Corpos que importam*. Trad. Veronica Daminelli e Daniel Yago Françoli. Revisão técnica Daniel Yago Françoli, Carla Rodrigues e Pedro Taam. São Paulo: n-1 Edições, 2019 [*Bodies That Matter*: On the Discursive Limits of "Sex". London, New York: Routledge, 1993].

BUTLER, Judith. *Problemas de gênero*: feminismo e subversão da identidade. Trad. Renato Aguiar. Rio de Janeiro: Civilização Brasileira, 2003 [*Gender Trouble*: Feminism and the Subversion of Identity. London: Routledge, 1990].

BUTLER, Judith. Meramente cultural. Trad. Aléxia Bretas. *Ideias*, Campinas, SP, v.7, n.2, p.227-48, 2017 [Merely Cultural. *New Left Review*, n.227, p.33-44, 1998].

BUTLER, Judith. *Vida precária*: os poderes do luto e da violência. Trad. Andreas Lieber. Rev. técnica Carla Rodrigues. Belo Horizonte: Autêntica, 2019 [*Precarious Life*: The Powers of Mourning and Violence. London: Verso, 2004].

BUTLER, Judith. *Desfazendo gênero*. Coord. trad. Carla Rodrigues. São Paulo: Editora Unesp, 2022 [*Undoing Gender*. New York: Routledge, 2004].

Butler, Judith; LACLAU, Ernesto; ŽIŽEK, Slavoj. *Contingency, Hegemony, Universality*: Contemporary Dialogues on the Left. London: Verso, 2000.

BUTLER, Judith; SPIVAK, Gayatri Chakravorty. *Quem canta o Estado-nação?* Língua, política, pertencimento. Trad. Vanderlei J. Zacchi e Sandra Goulart Almeida. Brasília: Editora UnB, 2018 [*Who Sings the Nation-State?* Language, Politics, Belonging. London: Seagull Books, 2007].

CAVARERO, Adriana. *Horrorism*: Naming Contemporary Violence. New York: Columbia University Press, 2009.

CAVARERO, Adriana. *Vozes plurais*: filosofia da expressão vocal. Trad. Flavio Terrigno Barbeitas. Belo Horizonte: Editora UFMG, 2011 [*For More Than One Voice*: Toward a Philosophy of Vocal Expression. Trad. Paul A. Kottman. Stanford: Stanford University Press, 2005].

DAS, Veena. *Critical Events*: An Anthropological Perspective on Contemporary India. Oxford: Oxford University Press, 1997.

DERRIDA, Jacques. *Limited Inc.* Trad. Jeffrey Mehlman e Samuel Weber. Evanston, IL: Northwestern University Press, 1988.

DERRIDA, Jacques. Before the Law. Trad. Avital Ronell e Christine Roulton. In: ATTRIDGE, Derek (Ed.). *Acts of Literature*. New York: Routledge, 1992.

DERRIDA, Jacques. *Espectros de Marx*: o estado da dívida, o trabalho do luto e a nova Internacional. Trad. Anamaria Skinner. Rio de Janeiro: Relume-Dumará, 1994 [*Specters of Marx*: The State of the Debt, the Work of Mourning and the New International. Trad. Peggy Kamuf. London: Routledge, 1994. p.126].

DERRIDA, Jacques. *Políticas da amizade*. Trad. Fernanda Bernardo. Lisboa: Campos das Letras, 2003 [*Politics of Friendship*. Trad. George Collins. London: Verso, 1997].

DERRIDA, Jacques. *Força de lei*: o fundamento místico da autoridade. Trad. Leyla Perrone-Moisés. São Paulo: Martins Fontes, 2007 [Force of Law: The Mystical Foundation of Authority. Trad. Mary Quaintance. *Cardozo Law Review*, v.11, n.5-6, p.921-1045, 1990].

DREYFUS, Hubert L.; RABINOW, Paul (Eds.). O sujeito e o poder. In: *Michel Foucault*: uma trajetória filosófica. Trad. Vera Portocarrero. Rio de Janeiro: Forense Universitária, 1995. p.244-5 [The Subject and Power. In: DREYFUS, Hubert L.; RABINOW, Paul (Eds.). *Michel Foucault*: Beyond Structuralism and Hermeneutics. Chicago: University of Chicago Press, 1982. p.221-2].

EDELMAN, Lee. Compassion's Compulsion. In: BERLANT, Lauren (Ed.). *Compassion*: The Culture and Politics of an Emotion. New York: Routledge, 2004. p.159-86.

ESMEIR, Samera. *Juridical Humanity*: A Colonial History. Stanford: Stanford University Press, 2012.

FANON, Frantz. *Pele negra, máscaras brancas*. Trad. Renato da Silveira. Salvador: EDUFBA, 2008 [*Black Skin, White Masks*. Trad. Constance Farrington. New York: Grove Press, 1994].

FASSIN, Didier; PANDOLFI, Mariella (Eds.). *Contemporary States of Emergency*: The Politics of Military and Humanitarian Interventions. New York: Zone Books, 2010.

FASSIN, Didier; RECHTMAN, Richard. *The Empire of Trauma*: An Inquiry into the Condition of Victimhood. Princeton: Princeton University Press, 2009.

FEHER, Michel. Self-appreciation; or, The Aspirations of Human Capital. *Public Culture*, v.21, n.1, p.21-41, 2009.

FOUCAULT, Michel. What Is Critique? In: *The Politics of Truth*. Los Angeles: Semiotext(e), 1997a. p.41-82.

FOUCAULT, Michel. The Ethics of the Concern for Self as a Practice of Freedom. In: RABINOW, Paul (Ed.). *Michel Foucault, Ethics, Subjectivity and Truth*, v.1 de *Essential Works of Foucault 1954-1984*. New York: The New Press, 1997b.

FOUCAULT, Michel. *Em defesa da sociedade*. Trad. Maria Ermantina Galvão. São Paulo: Martins Fontes, 1999 [*Society Must Be Defended*. Trad. David Macey. New York: Picador, 2002].

FRASER, Nancy. Heterossexismo, falso reconhecimento e capitalismo: uma resposta a Judith Butler. Trad. Aléxia Bretas. *Ideias*, Campinas,

SP, v.8, n.1, p.277-94, 2017 [Heterosexism, Misrecognition and Capitalism. *New Left Review*, v.228, p.140-9, 1998].

GALLOP, Janne. *The Daughter's Seduction*: Feminism and Psychoanalysis. Ithaca, NY: Cornell University Press, 1984.

GILMORE, Ruth Wilson. *Golden Gulag*: Prisons, Surplus, Crisis, and Opposition in Globalizing California. Berkeley: University of California Press, 2007.

HARVEY, David. *O novo imperialismo*. Trad. Adail Sobral e Maria Stela Gonçalves. São Paulo: Ed. Loyola, 2005 [*The New Imperialism*. Oxford: Oxford University Press, 2003.]

HEGEL, Georg Wilhelm Friedrich. *Natural Law*: The Scientific Ways of Treating Natural Law, Its Place in Moral Philosophy, and Its Relation to the Positive Sciences of Law. Trad. T. M. Knox. Philadelphia: University of Pennsylvania Press, 1975.

HUSSEIN, Abu Hussein; MACKAY, Fiona. *Access Denied*: Palestinian Land Rights in Israel. London: Zed Books, 2003.

KAFKA, Franz. Diante da lei. In: *Franz Kafka essencial*. Trad. Modesto Carone. São Paulo: Penguin Classics, Companhia das Letras, 2011 [Before the Law. In: GLATZER, Nahum N. (Ed.). *Franz Kafka*: The Complete Stories and Parables. Trad. Willa e Edwin Muir. New York: Quality Paperback Book Club, 1971].

KHANNA, Ranjana. Disposability. *Differences*, v.20, n.1, p.181-98, 2009.

KHANNA, Ranjana. Unbelonging: In Motion. *Differences*, v.21, n.1, p.109-23, 2010.

MACPHERSON, Crawford Brough. *A teoria política do individualismo possessivo*: de Hobbes a Locke. 2.ed. Trad. Nelson Dantas. Rio de Janeiro: Paz e Terra, 2009 [*The Political Theory of Possessive Individualism*: Hobbes to Locke. Oxford: Clarendon Press, 1962].

MARKELL, Patchen. *Bound by Recognition*. Princeton: Princeton University Press, 2003.

MASSAD, Joseph A. *Desiring Arabs*. Chicago: University of Chicago Press, 2007.

MBEMBE, Achille. *On the Postcolony*. Berkeley: University of California Press, 2001.

MBEMBE, Achille. *Necropolítica*: biopoder, soberania, estado de exceção, política da morte. Trad. Renata Santini. São Paulo: n-1 Edições, 2018 [Necropolitics. Trad. Libby Meintjes. *Public Culture*, v.15, n.1, 2003].

MORETON-ROBINSON, Aileen. I Still Call Australia Home: Indigenous Belonging and Place in a White Postcolonizing Society. In: AHMED, Sara; CASTAÑEDA, Claudia; FORTIER, Anne-Marie; SHELLER, Mimi (Eds.). *Uprootings/Regroundings*: Questions of Home and Migration. Oxford: Berg, 2003.

MORRIS, Rosalind (Ed.). *Can the Subaltern Speak?* Reflections on the History of an Idea. New York: Columbia University Press, 2010.

MOTHA, Stewart. Reconciliation as Domination. *Law and the Politics of Reconciliation*, 2007.

NANCY, Jean-Luc. *The Inoperative Community*. Ed. Peter Connor. Minneapolis: University of Minnesota Press, 1991.

NANCY, Jean-Luc. *Being Singular Plural*. Trad. Robert Richardson e Anne O'Byrne. Stanford: Stanford University Press, 2000.

NANCY, Jean-Luc. *Hegel*: The Restlessness of the Negative. Trad. Jason Smith e Steven Miller. Minneapolis: University of Minnesota Press, 2002.

PANDOLFI, Mariella. Une souveraineté mouvante et supracoloniale. *Multitudes*, n.3, p.97-105, 2000.

PARKS, Rosa; HASKINS, Jim. *Rosa Parks*: My Story. New York: Dial Books, 1992.

PATTERSON, Orlando. Escravidão e morte social: um estudo comparativo. Trad. Fábio Duarte Joly. São Paulo: Editora da Universidade de São Paulo, 2008 [*Slavery and Social Death*: A Comparative Study. Cambridge, MA: Harvard University Press, 1982].

POVINELLI, Elizabeth. *The Cunning of Recognition*: Indigenous Alterities and the Making of Australian Multiculturalism. Durham, NC: Duke University Press, 2002.

POVINELLI, Elizabeth A. The Child in the Broom Closet: States of Killing and Letting Die. *South Atlantic Quarterly*, v.107, n.3, p.509-30, 2008.

POVINELLI, Elizabeth. *Economies of Abandonment*: Social Belonging and Endurance in Late Liberalism. Durham, NC: Duke University Press, 2011.

PROBYN, Elspeth. *Outside Belongings*. New York: Routledge, 1996.

PUAR, Jasbir. *Terrorist Assemblages*: Homonationalism in Queer Times. Durham, NC: Duke University Press, 2007.

RANCIÈRE, Jacques. *O desentendimento*: política e filosofia. 2.ed. Trad. Angela Leite Lopes. São Paulo: Editora 34, 2018 [*Disagreement*: Politics and Philosophy. Trad. Julie Rose. Minneapolis: University of Minnesota Press, 2004].

SABSAY, Leticia. *Las normas del deseo*. Madrid: Ediciones Catedra, 2009.

SAID, Edward. *The Politics of Dispossession*: The Struggle for Palestinian Self-Determination, 1969-1994. New York: Vintage, 1995.

SEDGWICK, Eve Kosofsky. *Epistemology of the Closet*. Berkeley: University of California Press, 1990.

SEDGWICK, Eve Kosofsky. How to Bring Your Kids Up Gay. *Social Text*, v.29, n.1, p.18-27, 1991.

SEDGWICK, Eve Kosofsky. Paranoid Reading and Reparative Reading; or, You're So Paranoid You Probably Think This Essay Is About You. In: *Touching Feeling*: Affect, Pedagogy, Performativity. Durham, NC: Duke University Press, 2003.

SPIVAK, Gayatri Chakravorty. *Pode o subalterno falar?* Trad. Sandra Regina Goulart Almeida, Marcos Pereira Feitosa e André Pereira Feitosa. Belo Horizonte: Editora UFMG, 2010 [Can the Subaltern Speak? In: NELSON, Cary; GROSSBERG, Lawrence (Eds.). *Marxism and the Interpretation of Culture*. Urbana: University of Illinois Press, 1988. p.271-313].

SPIVAK, Gayatri Chakravorty. *Outside in the Teaching Machine*. New York: Routledge, 1993. p.45-6.

STOLER, Ann. *Carnal Knowledge and Imperial Power*: Race and the Intimate in Colonial Rule. Berkeley: University of California Press, 2002.

Judith Butler

STRATHERN, Marilyn. *O gênero da dádiva*: problemas com as mulheres e problemas com a sociedade na Melanésia. Trad. André Villalobos. Campinas, SP: Editora da Unicamp, 2006 [*The Gender of the Gift*: Problems with Women and Problems with Society in Melanesia. Berkeley: University of California].

WEIZMAN, Eyal. *Hollow Land*: Israel's Architecture of Occupation. London: Verso, 2007.

WOODWARD, Kathleen. Calculating Compassion. In: BERLANT, Lauren (Ed.). *Compassion*: The Culture and Politics of an Emotion. New York: Routledge, 2004. p.59-86.

YIFTACHEL, Oren. *Ethnocracy*: Land and Identity Politics in Israel/Palestine. Philadelphia: University of Pennsylvania Press, 2006.

ZIAREK, Ewa Plonowska. *An Ethics of Dissensus*: Postmodernity, Feminism, and the Politics of Radical Democracy. Stanford: Stanford University Press, 2001.

Índice remissivo

Adorno, Theodor, 155
   Dialética Negativa, 229
   Minima Moralia, 53
agência, 9, 27-31, 41, 96-7, 108-10, 155, 191-3, 204, 217-8, 233
alteridade, 15-6n3, 17, 41-2, 94-6, 101, 121-3, 124-6, 148-9, 150, 165-6, 170-1, 197, 224
Althusser, Louis, 126
Arendt, Hannah, 11, 154-6, 170-1, 218-9
   A condição humana, 234
   Eichmann em Jerusalém, 155
   Origens do Totalitarismo, 156
Arrellano, Victoria, 202
Asad, Talal, 157
Austin, J.L., 161
autodespossessão, 121-6
autodeterminação, 25-6, 89, 108-9, 128-9, 157-8, 221

autopoiese, 89-100
autossuficiência, 15, 17-8, 28-36, 57, 94, 121-2, 129, 217
B'Tselem, 130-1
Benjamin, Walter, 153, 162
Berlant, Lauren, 184, 204, 205
biopolítica, 11, 27-8, 48-50, 57-8, 109, 204, 224
   neoliberal, 15, 27, 49-50, 62, 64
Blanchot, Maurice, 97
Bodies That Matter, 175n1
Boicote, Desinvestimento e Sanções (BDS), 223
Bouazizi, Mohamed, 179
Brown, Wendy, 62-3, 113-4, 139, 152
Capitalismo, 21, 61, 186, 215
   neoliberal, 26, 62-3, 229
Cavarero, Adriana, 99, 166
cidadania, 17-8, 27-8, 35, 46, 112, 179, 202-3, 220-1

Cisjordânia, 220
coabitação, 24, 31, 156, 189-90, 196
colonialismo, 22-3, 43, 45, 219-20
corporificação, 40-1
    ver também despossessão; normas; movimentos sociais; vulnerabilidade
crítica, 92-3
Das, Veena, 45
democracia, 27-8, 178, 187-8, 203
    agonística, 189, 192-3, 235-7
Derrida, Jacques, 33n6, 92, 153, 161, 228n1, 229
    Espectros de Marx, 32
    Políticas da Amizade, 168-9
descartabilidade, 37, 38n12, 46-7, 180, 182-3, 188, 206
despossessão
    como disposição, 137, 140
    de gênero e de sexo, 20, 25, 67, 73
    de terras e territórios, 22-3, 41-2, 46-7
    e nomeação, 73, 167, 169, 171-3, 179
    e o humano, 25, 37, 39, 51-7e imigração, 25, 42, 48-9, 169
    e performatividade, 10, 31, 34, 96-7, 127-34, 135-6, 141-2, 153, 159-63, 165, 215-8

e posse, 43, 47-8, 51, 73, 81, 125, 144, 149, 159, 196-8
e racismo, 48-50, 99, 105, 127, 182, 198
e reconhecimento, 23, 25, 29, 41, 46-7, 81, 91, 95, 105, 109, 111, 113, 115n12, 117-9
e subjetivação, 15, 48, 68-70, 169
e vitimização, 25-6, 45, 118-9, 144-8, 166
pós-colonial, 25, 46, 166, 182
privativa, 17, 24, 181
relacional, 31, 55, 96, 129-30, 157
    ver também autodespossessão
"eu" [self], 9n4
economia, a primazia da, 59-65
Edelman, Lee, 146
Édipo, 11, 81-3
Eichmann, Adolf, 155-6
Esfinge, 82-3
esquerda, a; crítica de, 63
Estado-nação, 22-3, 26, 72-3, 148, 202, 221, 224-5
Estados Unidos, 112, 182-3, 186, 200, 230
    imigrantes ilegais hispano-hablantes, 42, 112, 176-7
militarismo, 71-2, 148, 157-8

Partido Republicano, 146
racismo, 42,
ética, 11, 94-5, 98-100, 101, 121, 123, 133, 138-41, 146, 195, 198
ético-político, 21, 135, 148, 170
Europa, 42, 190, 199, 203-4, 216
Fanon, Frantz, 50, 104, 106-9, 141
Pele negra, máscaras brancas, 104, 106-7, 141
Fassin, Didier, 144
Foucault, Michel, 8, 11, 49, 92-3, 95, 153, 155, 206, 222
Em defesa da sociedade, 49
Freud, Sigmund, 76
Galindo, Regina José, 206-8, 211-2
Gallop, Jane (*The Daughter's Seduction*), 84
Gaza, 130, 220
Gilmore, Ruth Wilson, 36
Grécia, 7-9, 81, 145
guerra, 49, 72, 130, 130-1, 138, 157-8, 178, 200, 208
Harvey, David, 27
Hegel, G.W.F., 104, 116, 138, 151
hospitalidade, 91n2, 198-9
humanidades, as, 227-31
humanismo, 21, 108, 170, 227-8
liberal, 146, 152, 154

humanitarismo, 26, 98, 119, 144-5
razão humanitária, 25, 145-6, 181
humano, o, 8, 28, 32, 34, 37, 39, 104, 116-8, 123, 151-2, 170, 180, 182, 202, 218, 224, 228
como capital, 27, 48, 64
e animalidade, 47, 55, 82
e posse, 28, 51-7, 90-1, 125, 151-2
individualismo, 31, 48, 52, 94, 139, 193, 197
possessivo, 15, 21-4, 31, 52
injúria, 15, 36, 113, 119, 142-4, 146-7, 149, 165-6, 178, 195, 216, 219
e interpelação, 15, 142-4
e políticas de identidade, 114, 169, 224
estrutura e circunstância, 142, 168
inteligibilidade, 14-5, 35, 53, 56-7, 62, 83-4, 93-4, 103, 106, 109-10, 142, 150, 169, 170, 175-7, 202, 224, 235
interdependência, 19, 48, 79, 124, 139, 213, 225-6
Israel, 22, 25, 31, 44, 72, 130, 220, 225
judeus, 23, 156
Kafka, Franz, 126, 160-2, 192
Kojève, Alexandre, 104

Koutras, Panos, 11
Kuneva, Kostadinka, 180
Lacan, Jacques, 75
Laplanche, Jean, 123-5
Laroui, Fadwa, 179
lei, 15-6, 27, 68-71, 101-3, 132, 154-3, 160-3, 206-7
   de imigração, 103, 204
   do Pai, 81, 85-6
   e desejo, 68, 102-3, 111
   e reconhecimento, 102, 104, 111, 113, 118
Lenin, Vladimir Ilyich, 236
Levinas, Emmanuel, 99, 121-3
liberalismo, 21, 28, 49, 51, 101-2, 104, 116, 176, 203
   e poder colonial, 51
   e multiculturalismo, 101
   e tolerância, 102, 176, 203
liberdade, 9, 21, 28, 71-2, 94, 107-8, 113, 129, 139, 163, 218-22, 226
Locke, John, 23
luto, 8, 11, 18, 38n12, 135-6, 148, 151, 177-8
MacPherson, C.B., 21, 24
Marx, Karl, 61-2, 229
marxismo, 59-60n1, 63
Massad, Joseph (*Desiring Arabs*), 71
Mbembe, Achille, 36-7, 183, 204-5
memorialização, 209-10n4, 211-3
Moore, Henrietta, 80
movimentos sociais, 43, 61, 116, 224

e dissenso, 98, 179, 185, 187, 203
e o espaço público, 186, 189, 215, 235
e os protestos dos Indignados, 216
e protesto, 43, 147, 157, 179-80, 188, 215-7, 228, 235no Egito (revolução de 2010), 10
e protestos de ocupação, 235
e *Women in Black*, 8-9, 31, 177, 212
na Tunísia (revolução de 2010), 179, 236
no Norte da África, 42, 186
no Oriente Médio, 186
nação, 23, 81, 101-2, 157-8, 176-8, 204, 212
Nancy, Jean-Luc, 149-50, 160, 167-8
necropolítica, 37, 183
neoliberalismo, 9, 60-4, 133, 183, 185, 206, 236
   como racionalidade política, 62, 63, 185
   e medidas de austeridade, 26-7, 154,
   gestão de crise, 27, 49, 185-6, 205-6
Netanyahu, Benjamin, 44
nomeação, 73, 167, 169, 171-3, 179
normas

constitutivas, 94, 96, 121, 123, 127, 170, 177, 212

de gênero e sexo, 68, 80, 89, 112, 125, 235

de inteligibilidade e reconhecimento, 14, 53, 56-7, 93-5, 121, 127, 170, 202

e luta política, 93-5, 104, 112, 116-7

e vulnerabilidade, 15, 140, 146, 195

éticas, 149

sociais, 15, 79, 93, 96, 121, 125-6, 127, 140

ontologia, 23, 33n6, 115, 151-4, 170-1, 191, 197, 224

social, 132, 152, 198

Orfanou, Mina, 90

Palestina, 22-4, 25, 42, 44, 72, 219-21, 223-5

Palestinos Queer pela BDS (PQBDS), 223-5

Pandolfi , Mariella, 144-5

Papaconstantinou, Leda, 211

Parks, Rosa, 39-40

Patterson, Orlando, 36

perda, 15-6, 19, 38, 53-7, 85-6, 105, 135-6, 177-9, 190, 198, 209, 229

performatividade, 175-84

de gênero e de sexo, 9, 11, 68-9, 73, 83, 161, 163, 171-3, 235

de nomeação, 73, 167, 169, 172-3, 179

do "eu", 9, 34, 90, 96, 129, 140-1, 191, 219

e arte, 188, 209, 211

e identidade, 34, 68, 90, 145, 169, 191, 196

e messianismo, 161-2

e normatividade, 74, 176-7, 235

e política, 8-10, 51, 83, 128-30, 132, 135, 159-60, 165, 175-84, 191-2, 203, 209, 211, 219, 234

e precariedade, 131-3, 135-6, 154, 165, 191, 203-4, 237

plural, 191, 193, 213, 215-22, 236

pertencimento, 19-20, 43, 91, 148, 154, 188-90, 201, 212

nacional, 23, 50 196

pluralidade, 156, 188, 191, 193, 215

poder, 9, 18, 20-1, 27-8, 37, 42, 48-52, 61-3, 67-70, 73, 79, 101, 104-6, 109-11, 115, 123, 125-6, 135, 140, 147, 161, 169, 180, 181-3, 186, 189, 203-6, 213, 215-6, 219, 222, 228

normativo e regulador, 15, 79

político, 106, 181-2

estatal, 44, 109-11, 203

e subjetividade, 27, 37, 50, 69, 104, 123, 215-6

poiesis

ver também autopoiese

política

afetiva, 11, 51, 59, 92, 101, 216, 218, 224, 234

agonística, 47, 176, 189, 191-2, 216, 235-6

corpo político, 203, 236

das ruas, 216-7, 218, 234, 236-7

de imigração, 49, 145-6, 202, 204

do corpo, 15, 26-8, 32, 35, 37, 41, 48-9, 62, 73, 79, 98, 109, 128-9, 169, 180, 182, 188, 190, 198, 209, 211, 216, 218-9, 233-7

e a universidade, 227-31

e ética, 10, 11, 59, 98-100, 101, 133, 139-40, 148-9, 195, 198

Povinelli, Elizabeth, 101

precariedade

e condição precária, 38, 139

e precarização, 15, 64-5

e regimes de segurança, 197, 200

normalização da, 49, 170

oposição a, 131

política da, 132, 165

presença

e espectralidade, 32, 35

metafísica da, 28-30, 34-6

propriedade, 10, 13-4n1, 31, 39, 41, 74-5, 110, 191, 196-9, 218, 220, 223, 227

e Estado-nação, 22-4, 26

e liberalismo, 21, 28

e subjetividade, 26-8, 47, 50-2, 69

gênero e sexualidade, 80

privativa, 17, 24, 181

protestos, *ver* movimentos sociais

Rancière, Jacques, 111

Rechtman, Richard, 144-5

reconhecimento

do casamento gay, 110-2

e sobrevivência, 101-19

liberal, 25, 89, 94, 101-2, 104-6, 110, 112-4, 116, 119, 203

monocultural, 25, 101-2

normas de, 89, 94, 104, 109, 113, 115-7

relacionalidade, 9, 15, 17-8, 19, 25-6, 52, 57, 79, 83, 92, 98-9, 108, 111, 119, 121-6, 141, 149-51, 156-7, 170, 189-90, 216

e aliança política, 79, 83, 190, 203, 224, 233

resistência, 8, 10-1, 29, 39-41, 43, 113, 127, 143-4, 147, 159, 179, 181, 185-93, 204, 213, 219-22, 223-6, 233

Despossessão

responsividade, 11-2, 91-2n2, 121, 122n1, 135-58
Ríoss Montt, Efraín, 206
Sabsay, Leticia, 70, 72
Saeed, Khaled, 179
Sedgwick, Eve Kosofsky, 77
sexualidade, 20, 35, 45, 62, 64, 67-73, 77-8, 79, 80, 84-5, 87, 105-6, 111-2, 125, 128, 151-2, 190, 201, 223-4, 233-5
Sionismo, 23, 156
soberano, 81-2, 95-6, 191, 205, 222
sobrevivência, 15-6, 45, 51, 57, 63, 101-19, 141, 220
socialidade, 89-100, 108, 114n11, 133, 137, 139, 155, 190, 197-8, 213
Spivak, Gayatri Chakravorty, 102, 166, 176
Stoler, Ann, 50
Strathern, Marilyn, 80
Strella (filme), 11, 80-7, 89-90, 172-3
subjetividade, 15-6, 37
   autocentrada, 39
   como capital, 27, 235
   despossuída, 34-5, 175-6, 234
   e perda, 198

e propriedade, 26-7, 47, 50, 69
liberal, 46, 50, 198, 203
política, 26-7, 34-5, 46-7, 50, 104, 115, 129-30, 175, 198, 215-6, 222
soberana, 170
violência
   antigay, 182
   colonial, 34-5, 41-3, 45-6, 233
   de despossessão, 16, 34-5, 43, 45-6, 124, 135-6
   de gênero e de sexo, 45-6, 173, 202, 224, 233-4
   e autodefesa, 156-7, 158
   e reconhecimento, 89-100
   exposição a, 20, 217, 234
   legal, 17, 117, 202
   militar, 15, 17, 79
   normativa, 9, 16, 123, 224
vivibilidade, 8, 15-6, 38n12, 51, 116, 235
vulnerabilidade, 9, 15, 19, 38, 48-9, 136, 140, 144, 148, 151, 170, 200, 216
   como norma reguladora, 145-6, 195
   corporal, 128, 146, 201
   e protestos públicos, 217
Ziarek, Ewa, 98
Zygouri, Mary, 188

SOBRE O LIVRO

Formato: 13,7 x 21 cm
Mancha: 23,4 x 38,6 paicas
Tipologia: Venetian 301 12,5/16
Papel: Off-white 80 g/m² (miolo)
Cartão Triplex 250 g/m² (capa)

1ª edição Editora Unesp: 2024

EQUIPE DE REALIZAÇÃO

Edição de texto
Giuliana Gramani (Copidesque)
Jennifer Rangel de França (Revisão)

Capa
Marcelo Girard

Editoração eletrônica
Sergio Gzeschnik

Assistente de produção
Erick Abreu

Assistência editorial
Alberto Bononi
Gabriel Joppert

Rua Xavier Curado, 388 • Ipiranga - SP • 04210 100
Tel.: (11) 2063 7000
rettec@rettec.com.br • www.rettec.com.br